Brigitte Bierfert

Kulinarisches Märchen für Tafelfreunde

Illustrationen: Doina Maas

Vehling Verlag
Berlin • Werl i.W. • Basel • Graz

Gesamtherstellung: Vebu-Verlag GmbH, Berlin.

Idee und Gestaltung: Brigitte Bierfert, Düsseldorf.
Illustrationen: Doina Maas, Düsseldorf.

Typografie und Layout: Satzspiegel, Andreas Schmidt, Düsseldorf.
Kreative Scans und Bildbearbeitung: Prepoint, Nicole Steenbeck, Düsseldorf.

www.vehlingbuch.de

ISBN 3-85680-772-1

Vorwort

Wie verbindet man zwei Lieblingsthemen?
Indem man sie miteinander verwebt und verknüpft. Beobachtungen in der Natur und zahlreiche Geschmackserlebnisse haben mir dabei geholfen, ein Märchen zu erfinden und Menüs für Gäste zu komponieren.
Die Rezepte sind erprobt, aber es geht auch nichts schief, wenn man die Zutaten variiert oder etwas aus der „Lamäng“ arbeitet.

Inhalt

Rezepte der Traumessen

Inhalt

Susanne S. hatte vieles, aber nicht alles. Sie hatte einen Job, ein Auto, eine Wohnung, ein Theaterabo und ein paar Freunde. Sie hatte keinen Mann, kein Haus und keine Katze. Sie hatte noch eine Tante im Bergischen Land. Lange nicht mit ihr gesprochen und noch länger nicht gesehen.

Am Freitag vor Weihnachten kam die Nachricht, dass Tante Thea verstorben sei. Susanne hätte ihr Haus geerbt und man würde sie bitten, doch schnellstens vorbeizuschauen und nach dem Rechten zu sehen. Unterschrieben: Notar Norbert N.

Freitagnachmittag machte sie sich auf den Weg ins Bergische Land. Es schneite leicht. Als sie Astscheit erreichte, war es schon dämmerig. Da stand das Haus: Aus grauem Schiefer mit weißen Fensterrahmen, oben leicht geschwungen, und grün gestrichenen Fensterläden. Ein großes Haus mit einer schönen breiten Treppe, die zu einem doppeltürigen Portal aus dunklem Holz führte. Vor der Tür, auf einer dicken Fußmatte, saß eine schwarzweiße Katze. Ernst, mit grünen Augen. Susanne klingelte und der Notar öffnete. Ein netter Mann mit kleiner Nickelbrille, so um die 30.

Er führte sie durchs Haus. Die Zimmer waren schön möbliert mit Möbeln der Jahrhundertwende. Es waren aber auch einige Stücke aus dem Biedermeier dabei. Ein großer Barockschrank dominierte das Esszimmer.

Im ersten Stock das Schlafzimmer der Tante. Ein prächtiges Messingbett, eine Kommode aus Kirschbaumholz mit wunderbar geschwungenen Griffen, und zwei bequemen Sesseln.

Das Zimmer hatte eine grün-silbrig schimmernde Tapete, auf der hügelige Landschaften mit kleinen Seen abgebildet waren. Im warmen Licht der Lampen glitzerten die Seen ein bisschen. Hier wollte Susanne schlafen. Sie war müde von der Fahrt durch den Schnee. Norbert N. verabschiedete sich. „Ich komme morgen Mittag und hole Sie zum Essen ab. Dann können wir alles Weitere in Ruhe besprechen."

Susanne fand weiße Damastbettwäsche in einem großen Schrank auf dem Flur. Sie bezog das Bett. Und nach einer heißen Dusche in dem altertümlichen Badezimmer kuschelte sie sich ins Bett. Draußen heulte der Wind.

An der Zimmertür kratzte es leise. Sie machte auf. Da stand die schwarzweiße Katze. Sie ging zielstrebig zum Bett und rollte sich auf der Bettdecke am Fußende zusammen. „So, so, das ist also dein Stammplatz." In der Nacht wurde Susanne manchmal wach. Der Wind heulte und die Katze am Fußende schnarchte leise.

Ein kalter Morgen. Aber der Schneefall hatte nachgelassen. Sie inspizierte die Küche. Kühlschrank und Brotkasten waren gut gefüllt. Norbert N. hatte eingekauft. Es gab auch Katzenfuttervorräte.

Nach dem Frühstück machte Susanne einen Spaziergang durch den verschneiten Garten. Die Katze folgte ihr in einigem Abstand und beobachtete sie genau.

Das Mittagessen in der Stadt im „Besoffenen Ferkel“ mit Norbert N. war sehr gemütlich.

Es gab etwas gebeizten Saibling
auf roter Beete mit Schnittlauch-Crème Fraîche.
Dann Schweinefilet mit einer köstlichen
Pflaumensoße und Kartoffelgratin.
Anschließend Grießpudding mit Kirschkompott.

Hervorragend.

Zu dem geerbten Haus gehörte auch ein dickes Bankkonto, welches Susanne S. ziemlich unabhängig machen könnte: Von einem cholerischen Chef, von ihrem nörgelnden Wohnungsvermieter, von dem altersschwachen Auto und dem mittlerweile uninteressant gewordenen Theaterabo.
Sie könnte den Garten pflegen, kochen – sie kochte für ihr Leben gern – Gäste haben und sich eventuell, mal sehen, wie sich die Dinge so entwickeln, um Norbert N. kümmern. Den ganzen Nachmittag stöberte sie durchs Haus, schaute in alle Schränke und Schubladen. Sie fand alles, was eine gute Gastgeberin braucht. Alte, kostbare Tischdecken aus Leinen und Damast, Silberbesteck für 24 Personen. Gläser in allen Größen, dazu Tafel- und Kaffeegeschirr, weiß mit blauem und goldenem Rand. Sie beschloss, die Weihnachtstage hier zu verbringen.

Nach einem kleinen Abendessen in der Küche: Sie, Graubrot mit Käse, die Katze etwas Räucherlachs mit Dosenfutter, ging sie zu Bett. Der Himmel war klar und es glänzten einige Sterne.
Der Mond stand hell am Himmel, noch nicht ganz voll. Sie schloss die Vorhänge nicht ganz. Etwas Mondlicht streifte die Tapete. Die Katze am Fußende roch etwas fischig.

Stunden später fuhr Susanne aus dem Schlaf. Ein Mondstrahl erhellte das Zimmer und neben ihr sagte jemand ungnädig: „Jetzt wird es aber höchste Zeit. Zita hasst es, wenn man zu spät zum Essen kommt.“

Die Katze sprach!

Sie stand da im Mondlicht und schaute etwas ärgerlich. Susanne zog ihren Morgenrock über, staunend, und dachte, das ist sowieso nur ein Traum. Die Katze ging auf die im Mondlicht schimmernde Tapete zu und hindurch. Susanne S. folgte verblüfft und befand sich auf einem Grashügel. Es roch nach Frühling. Grünliches Dämmerlicht lag über der welligen Landschaft und es war warm. „Darf ich mich vorstellen. Mein Name ist Isi. Wir haben eine Einladung bei Zita. Bitte kommen Sie. Hier entlang! Wir nehmen den Wagen."

Isi ging voraus den Hügel hinab. Unten stand ein rosa-cremefarbenes Cabriolet. Susanne stieg ein. Isi saß am Steuer. Sie fuhren gemächlich über eine Landstraße durch hügeliges Gelände. Rechts und links kleine Wälder und Felder, Bäche und Seen.

Hinter einer Kurve auf einem Hügel sah Susanne einen großen, nach allen Seiten offenen Gartenpavillon. Das geschwungene Dach wurde von fünf weißen Holz-Säulen getragen. Der Fußboden war aus grün gestrichenen Holzbalken. Darauf stand eine weiß gedeckte Tafel mit 8 Gedecken. In der Mitte prangte ein fünfarmiger Silberleuchter mit weißen Kerzen.

Zita, ganz weißes Fell, zündete gerade die Kerzen an. Sie begrüßte Susanne und Isi, bat sie Platz zu nehmen und wandte sich um. „Die Gäste kommen. Boris, beeile dich bitte."

Gleichzeitig betraten zwei weitere Katzenpärchen den Pavillon. Grau-weiß und rot-weiß, Viola und Valentino. Schwarz-weiß-rot und rabenschwarz, Wendy und Woody. Dann kam Huberty. Schildpattfarben, mit einem flotten grünen Jägerhut zwischen den Ohren. Sie war passionierte Jägerin und verzichtete an diesem Abend nur ungern auf ihre leichte Jagdflinte. Doch Zita wünschte keine Waffen bei Tisch.

Boris betrat den Pavillon mit einem großen silbernen Tablett und acht gefüllten Champagnergläsern.

Zita hob ihr Glas. „Herzlich willkommen. Endlich gibt es im Haus mit den Märchentapeten wieder eine Träumerin. Und eine Kennerin guten Essens. Wir wollen beginnen."
Boris, rot-weiß getigert, servierte den ersten Gang:

Perlhuhnterrine mit Traubensoße
und gerösteten Walnüssen.

Als er die Teller wieder abräumte, verspeiste er genüsslich den schmalen Speckrand, den Susanne S. zurückgelassen hatte.

Der zweite Gang:

Zanderfilet im Panchettamantel
auf süß-sauren Linsen.

Woody hatte etwas Ärger mit einer Gräte. „Nicht ganz perfekt", murmelte er in Richtung Wendy. „Wahrscheinlich hat Boris ein bisschen zu viel 'Kochwein' getrunken."
„Stell' dich nicht so an, du weißt, wie schwer Zandergräten zu ziehen sind", zischte Wendy zurück.

Der dritte Gang:

Hirschkalbsrücken mit kleinen Bratkartoffeln
und grünen Bohnen.

Susanne hatte das Gefühl langsam zu platzen. Die Gäste redeten über ihr Jagdglück, ihre Pelzpflege und schöne, sonnige Ruheplätze, an denen man den Tag verdösen konnte. Manchmal spreizte Zita die linke Pfote beim Plaudern. Dann blitzte ein dicker Brillant an ihrer makellos gepflegten dritten Kralle.

Boris räumte ab und machte sich in der Küche über die Reste her. Er hatte sowieso schon beim Kochen eine komplette Menüfolge für sich abgezweigt. Aber er konnte von solchen Leckereien nie genug haben. Er band sich eine frische Kochschürze um und servierte den Nachtisch:

Kleine Mürbeteigtörtchen mit Vanillecreme
gefüllt und einer Decke aus karamellisierten Walnüssen.
Dazu ein Löffel Himbeersoße.

Dann kam der Espresso. Zita rauchte eine Havanna. Sie passte hervorragend zu ihrem weißen Pelz, ihren blauen Augen und der dritten Kralle. Viola gähnte hinter vorgehaltener Pfote. Susanne stieß Isi an. „Ich glaube, es wird Zeit." „Gut, wir wollen uns verabschieden."

Man reichte sich Pfoten und Hand. Bedankte sich überschwänglich. Und lobte Boris so viel, dass sein Fell noch etwas rötlicher schien, als es war.

Susanne meinte, das Cabrio müsste unter ihrem Gewicht zusammenbrechen. Aber Isi sagte nur: „Genieße die Fahrt."

Sie kamen zum grünen Hügel. Sie gingen ein Stück. Sie waren wieder in ihrem Schlafzimmer. Susanne kroch unter die Bettdecke und die Katze kuschelte sich am Bettende zusammen.

Heiligabend. Susanne wurde wach und dachte noch einmal über alles nach. Unglaublich. Unglaublich schön.

„Heute Abend koche ich, und ich rufe Norbert N. an." Die Katze spitzte die Ohren. Die Schnurrbarthaare zuckten. „Vielleicht gibt es wieder Räucherlachs. Lachsauflauf in Hummerbuttersoße wäre auch nicht schlecht." Ihre grünen Augen blitzten Susanne an. Norbert hatte Zeit. Keine Freundin, keine Verwandten, keine Mama, die sich sehnte. Nein, er wollte diesmal alleine sein, lesen und warten, ob ihn jemand einlädt. Geschehen.

Susanne stapfte durch den Schnee zu ihrem röchelnden Auto und fuhr in Astscheit einkaufen.

Vorab ein grüner Mandelsalat auf Weizentortilla mit Parmaschinken
dann eine kleine Rotkohlsuppe
dann Tandoori-Lachs auf asiatischem Gemüse mit Ingwerschaum.

Als Nachtisch mal etwas anderes:
Kleiner Ziegenfrischkäse auf Apfelkompott, mit Waldhonig, überbacken.
Natürlich Walnussbrot dazu.

„Mal sehen, was dieses bergische Städtchen so zu bieten hat." Susanne bekam alles, was sie wollte.

Norbert kam etwas früher, und so bereiteten sie beide ihr Weihnachtsmenü zu. Champagner, Weißwein, argentinischer Rotwein. Schlemmen und schmausen. „Süßer die Glocken nie klingen....“ „Ich rufe ein Taxi.“ „Gute Nacht Susanne, die Tante lebe hoch.“ „Wir telefonieren.“

Leicht schlingernd betrat Susanne ihr Schlafzimmer und kroch ins Bett. Die Katze schnurrte zufrieden: Räucherlachs, frischer Lachs mit etwas Sahne und ...ein kleines Fischbäuerchen.

„Katze! Heute Nacht bitte keinen kulinarischen Ausflug! Schlaf gut.“

Draußen schneite es und der Mond blitzte hinter Wolkenfetzen hervor. Erster Feiertag. Aufräumen, spülen. Anruf von Norbert:
„Es war wunderschön!“ Und er hätte auch alles gut vertragen.

Was soll das, sie wollte ihn doch nicht vergiften. Nach einem ausgiebigen Mittagsschläfchen machte Susanne einen kleinen Rundgang durch den Garten. Alle Konturen waren rund vom dicken Schnee: Wegkanten, Büsche, kleine Hecken.

Im hinteren Teil des Gartens war ein Geräteschuppen. Seitwärts ein kleines Häuschen. Hundehaus? Katzenhaus? Hier wohnte bei diesem Wetter eine große schwarze Saatkrähe.

Sie schaute Susanne aus gelb-goldenen Augen an und legte den Kopf dabei etwas schräg. Sie krächzte leise. „Ich bringe dir was“, sagte Susanne. Sie lief ins Haus zurück. Zwei Scheiben Vollkornbrot, etwas gekochter Schinken, Pflanzenfettmargarine. Mal sehen, ob es ihr behagt.

Auf einem Bein stehend betrachtete die Krähe das Menü. Ein lang gezogenes „Kraaah“ sagte Susanne: Das Menü ist in Ordnung.

Sie stapfte durch den Schnee zurück ins Haus. Rechts auf dem Weg winzige Spuren. Mäusespuren! „Ich werde mich noch um allerhand kümmern müssen“, dachte Susanne.

Es wurde sehr kalt an diesem Abend und sie setzte zum ersten Mal den großen Kamin im Wohnzimmer in Gang. Ein großes Glas Rotwein, Nüsse, Käse und Brot, eine schöne dicke Wolldecke, machten den Abend komplett. Die Katze lag vor dem Kamin und auf ihrem Fell tanzten kleine Funken. Der Widerschein des Feuers.

Die Nacht war ruhig. Kein Mond, keine Katze, kein Zaubermenü. Der Morgen brachte Sturm. Er rappelte an den grünen Fensterläden. Es war auch etwas wärmer geworden. Um 10 Uhr rief Norbert N. an und fragte, ob er sich zum Kaffee einladen dürfe. So gegen 15 Uhr. Natürlich gerne.

Susanne überlegte. Irgendetwas Süßes musste her. Mal sehen, was sie in ihrem Kaufrausch vor Weihnachten so alles zusammengetragen hatte: Mürbeteig im Vakuumpack, große helle Rosinen, Rohmarzipan, Walnüsse und Äpfel. Daraus lässt sich doch was machen.

Apfeltarte:
Teig ausrollen und eine gefettete Springform damit auslegen. Ofen auf 220° vorheizen.
Äpfel in dünne Scheiben schneiden, zuckern und mit Zitronensaft beträufeln.
Rosinen in Rum und Zimt einlegen. Rohmarzipan ausrollen und auf den Mürbeteig legen.
Darauf die Rosinen verteilen. Reichlich. Dann die Apfelscheiben.
Gründlich mit Puderzucker bestäuben. Ab in den Ofen. Nach 15 Min. die grob gehackten Walnüsse darauf verteilen. Nochmals einen Schwung Puderzucker.
Die Nüsse sollten etwas karamellisieren. Noch 10–15 Min. Fertig. Duftet herrlich.
Dazu gibt es Crème fraîche.

Norbert N. kam mit roten Rosen. Weißer Schnee, schwarzes Schieferhaus, grüne Fensterläden, rote Rosen. Susannes Herz hüpfte vor Freude über dieses sinnliche Farbspiel.

Die Tarte fand große Zustimmung und wurde fast aufgegessen.

Die Katze murrte ein bisschen. Es hatte heute nur Dosenfutter gegeben. Susanne fiel die Krähe ein. Schnell ein bisschen Schinken und Haferflocken auf einen Teller. Zusammen mit Norbert N. ging sie in den Garten. Die Krähe betrachtete beide sehr neugierig. Ihre gelben Augen blitzten. Dann schlug sie kurz mit den Flügeln und machte sich über den Schinken her.

Norbert N. musste nach Hause. Er hatte am anderen Tag einen schwierigen Termin und musste sich noch etwas vorbereiten. Kein Abendessen also. Vielleicht übermorgen Abend? Gerne. Ich rufe Sie an.

Susanne räumte auf. Dann zog sie sich vor den Kamin zurück und blätterte in alten Fotoalben, die sie in den Tiefen des großen Barockschrankes gefunden hatte. Der Garten im Sommer. Gepflegte kurze Buchsbaumhecken umgaben Beete mit Blumen und kleine Rasenflächen. Die Krähe auf einer kleinen Steinsäule. Die Katze ausgestreckt auf dem Rasen in der Sonne. Die Mäuse...?

Tief in der Nacht wurde sie wach. Der Sturm zerrte an den Fensterläden. Das Mondlicht zwischen zwei Wolkenfetzen schien grell auf die Märchentapete.

„Sie kennen sich ja schon aus. Bitte kommen Sie“, sagte rau die Krähe. Susanne folgte ihr, wie sie majestätisch durch die Tapete auf den See zuschritt, der silbrig im Mondlicht glitzerte.

„Entschuldigung, ich sollte mich vorstellen. Mein Name ist Karola.“ „Ich heiße Susanne.“ „Angenehm. Wir nehmen das Boot. Es gehört Raimund, unserem Gastgeber heute Abend.“ „Gut, dass ich mir dieses gute Stück von Hausmantel geleistet habe. Sonst stände ich hier im Hemd“, dachte Susanne.

Im Schilf unten am See lag ein kleines Ruderboot mit Sitzen aus grünem Samt mit goldenen Litzen. Zwei große Stockenten gingen an die Ruder. Karola und Susanne nahmen Platz.

Leicht glitt das Boot über den See. Es ging um einige Inselchen herum, die mit grünlich schimmernden Lampions beleuchtet waren, bis sie zu einer kamen, die etwas höher war. Am Bootssteg brannten Fackeln. Oben auf dem Hügel stand ein rundes Haus aus Binsengeflecht.

Durchsichtig nach allen Seiten wie ein Netz. In der Mitte des Raumes eine runde Tafel. Gedeckt mit weißem Leinen, an den Säumen mit Seerosen bestickt. Darauf hauchdünnes zartgrünes Porzellan. In der Mitte viele verschiedene Leuchter mit weißen Kerzen. Leuchter aus Silber, Glas und poliertem Holz. Der Gastgeber, ein stattlicher Fischreiher, geschmückt mit einer schwarzen Fliege, auf der sich kleine silbrige Fischchen tummelten, erschien.

„Guten Abend Frau Susanne. Mein Name ist Raimund. Ich freue mich, Sie hier begrüßen zu dürfen. Ah, das waren schöne Abende mit Thea, Ihrer Tante." Sein Monokel funkelte im Kerzenlicht. Zwei Otter mit glänzendem braunen Fell, wie polierte Haselnüsse, betraten den Raum. „Gestatten Ötte, und das ist meine Frau Ottilie." „Angenehm, Susanne." Es knarrte ein bisschen auf dem polierten Holzboden, als ein Biberpärchen erschien. „Darf ich vorstellen: Betty und Baldur. Baldur hat dieses zauberhafte Binsenhaus gebaut. Lasst uns Platz nehmen", sprach Raimund.

Der Koch erschien. Ein großer grünbrauner Frosch namens Victor mit weißer Schürze und hoher Kochmütze. Sie saß etwas schräg auf seinem breiten Kopf. Er trug ein silbernes Tablett mit gefüllten Champagnergläsern, die wie geöffnete Blütenkelche geformt waren.

Man prostete sich zu, sprach über das Wetter, den Fischfang, die Baukunst. „Ich arbeite an einem mehrstöckigen Binsenhaus", sprach Baldur. „Ich muss nur noch das Problem der Etagenböden klären." „Du findest immer eine Lösung", säuselte Betty. Ötte prahlte mit seinem neuen Rennboot. Ottilie war das peinlich und sie brummelte etwas von, „immer wenn er Schwäne umrast, müssen wir anschließend für die Halsentknotung aufkommen." Raimund flatterte etwas mit den Flügeln und sprach über den linken Flügel nach hinten: „Victor, wir können beginnen." Victor kam mit der ersten Vorspeise:

Gebratene Garnelen auf weißem und grünem Spargel mit Zitronengras-Vinaigrette und Ingwerschaum. Dann Sellerie-Kartoffel-Suppe mit Mandelsahne.

Der Hauptgang war ein Saiblingsfilet mit karamellisiertem Sauerkraut, Apfelkraut-Soße und frittierten Kartoffelplätzchen.

Der Wein, ein frischer Chardonnay aus Kalifornien. Dazu legte Victor immer feines Weißbrot nach.

Der Nachtisch war ein lauwarmes Rhabarber-Erdbeerkompott mit Vanilleeis und Zimt.

Zum Kaffee gab es
hauchdünne Waffelröllchen in zartbitterer Schokolade.

Victor liebte sie eigentlich mit Schnaken und Schmeißfliegen gefüllt. Er war ein Meister in der Zubereitung dieser Spezialität. Aber Raimund hatte davon abgeraten. Susanne sei das sicherlich nicht gewohnt und etwas empfindlich. Daraufhin machte Victor zwei Portionen, eine für das offizielle Essen und eine für sich. Jetzt knusperte er vergnügt in der Küche und summte: „Jetzt fahrn wir übern See, übern See, jetzt fahrn wir übern See ..." vor sich hin.

Die Gesellschaft im Binsenhaus hatte die Gespräche fast eingestellt. Man war müde vom vielen Essen, Trinken und Erzählen. Man sehnte sich nach Bett, Höhle, Nest und Reisiglager.

Susanne und Karola verabschiedeten sich und dankten überschwänglich dem Gastgeber Raimund und Victor dem Koch. „Angenehme Träume. Bis tschum nächsten Mal", klapperte Raimund, nicht mehr ganz nüchtern. Victor hatte das Maul voll mit Waffelröllchen und murmelte freundlich etwas Unverständliches wie „hattvielschpassgemach" zum Abschied. Dann bestiegen sie ihr Boot und die Enten ruderten sie zurück.

Wie im Traum, es war doch ein Traum, befand sich Susanne wieder in ihrem Schlafzimmer. Der volle Magen war kein Traum. Die Krähe saß auf dem Fensterbrett. Susanne öffnete es und sie flog mit einem lang gezogenen „Kraaah" in den nächtlichen verschneiten Garten.

Am Morgen hatte sie ordentlich verschlafen und wurde erst durch das ärgerliche Maunzen der Katze wach, die ihr Frühstück reklamierte. Höchste Zeit, über Vorräte nachzudenken, einzukaufen, Bankgeschäfte zu erledigen, Katzenfutter, Krähenfutter.

Es war schon über die Mittagszeit, als sie endlich zu Hause war. Mit einem Marmeladenbrötchen und einer großen Tasse Milchkaffee zog sie sich aufs Sofa zurück. Die Katze war schon da. Zufrieden. Sie hatte ein Fischragout mit Sahne. Beide schnurrten gemütlich in den späten Nachmittag hinein. Draußen war es immer noch windig und sehr kalt. Aber es waren keine Schneewolken in Sicht.

Susanne ging durch den Garten, um nach der Krähe zu sehen. Diese spazierte an der Hecke zum Nachbargrundstück entlang und beachtete sie nicht. Susanne stellte ihr ein Nachtmahl an den Geräteschuppen. Die Krähe kam herbeistolziert.

Bevor Susanne ins Haus ging, sah sie wieder die kleinen Mäusespuren am Rande der niedrigen Buchsbaumhecke, die ein Beet umschloss. Und ein kleines braunes Gesicht mit klugen glänzenden Augen. Eine Feldmaus. Sie fiepte leise. Susanne meinte, etwas antworten zu müssen und sagte: „Guten Tag, wie geht's?“ Die Maus legte den Kopf etwas schräg und blinzelte Susanne an. Dann war sie blitzschnell unter der niedrigen Hecke verschwunden.

Was fressen eigentlich Feldmäuse? Samen und Körner wahrscheinlich. Nach einem schlichten Abendessen, Käsebrot für sie, zweite Portion Fischragout für die Katze, begann Susanne die Speisen der beiden „Traumessen" aufzuschreiben. Es wäre einfach zu schade, sie zu vergessen. Dabei kam ihr die Idee für ein kleines Festessen. Vielleicht mit Norbert N. und Freunden. Nicht zu Silvester. Dazu hatte sie keine Lust. Aber danach.

Die Tage verliefen wunderbar gleichmäßig. Das Haus der Tante wurde so langsam das ihre. Norbert N. wurde ihr langsam vertrauter. Ihr altes Leben lag weit hinter ihr. Bald müsste sie sich für das neue entscheiden und das alte entrümpeln.

Silvester war herrlich langweilig. Eine Einladung Norbert N.s hatte sie abgelehnt. Allein in dem alten Haus mit Champagner, Katze und einem

Filetsteak mit Honig und vorher einem Salat à la „Vitaminbombe".

Herrlich.

Um Mitternacht sah sie in der Umgebung einige Raketen hochgehen. Ruhe. Eine gute Nacht. Auf ein gutes neues Jahr. Die Katze schnurrte sie in den Schlaf.

Susanne brach ihre Zelte in der Stadt ab. Kleiner Umzug, kleine Bankgeschäfte. Norbert N. regelte einiges.

Für Ende März plante sie ihr Festmenü:

Vorab:
Garnele in Panchetta gewickelt
auf weißem Bohnenpüree.
Dann:
Frische Erbsensuppe mit Basilikum.
Dann:
Lottemedaillons auf grünem Spargel
mit Vanillesoße.
Dann:
Rehrücken mit Kartoffel-Apfel-Walnuss-Strudel.
Dann:
Mousse au Chocolat mit Vanillesahne
und Früchten.

4 Freunde aus der Stadt, Norbert und sie. Sie saß an dem großen Küchentisch und plante: Einkaufsliste, Vorbereitungsliste, Tischdekoration, Abläufe in der Küche. Fast hätte sie das Abendessen verpasst. Die Katze knurrte bedenklich. Als sie zu Bett ging, war ihr Kopf noch voll mit kulinarischer Planung und sie schlief schlecht ein.

Sie wachte von Träumen geschüttelt auf. Ein zartes Stimmchen rief: „Madame, Madame, lassen Sie uns nicht so lange warten. Carlo de Carotte besteht auf Pünktlichkeit."

Susanne staunte. Auf ihrer Bettkante saßen zwei Mäuse und riefen sie. Pantoffel, Hausmantel und hinter ihnen her, so schnell es ging.

Lauwarmer Wind umfing sie auf der anderen Seite. Ein Motorrad mit Beiwagen stand auf der Landstraße unten am See. Die Mäuse stellten sich vor: „Ich bin Marlow und das ist meine Frau Melusine. Wir haben es sehr eilig. Bitte setzen Sie die Staubbrille auf." Marlow und Melusine, mit Staubbrille und Lederkappe, bestiegen das Motorrad. Susanne stieg in den Beiwagen. Sie rasten über eine kurvenreiche Landstraße. Felder und kleine lichte Wälder zu beiden Seiten. An einer hohen Böschung hielten sie an. Sie mussten etwas klettern bis zum Eingang einer Höhle. Die Gänge waren mit schimmernden Lampen sanft erleuchtet. Die Luft war herrlich kühl. Ein Duft von Feldblumen, leicht würzig, lag über allem.

Sie betraten eine weite hohe Höhle. Aus der Decke ragten Wurzeln, an denen silberne Lampen hingen. Die Tafel in der Mitte war oval und aus dunklem Holz. In der Mitte stand ein silberner Leuchter, der wie ein alter Rosenstrauch gearbeitet war. Mit vielen Kerzen. Das Porzellan weiß mit einem Karottenmuster am Rand.

Ein stattliches graues Kaninchen betrat die Halle. Es trug ein möhrenfarbenes Seidentuch um den Hals, welches von einer Jadebrosche in Form eines Salatblattes zusammengehalten wurde. Die weißen Raffzähne kamen dadurch besonders schön zur Geltung. „Sie sind Susanne. Endlich lerne ich Sie kennen. Wie schön. Ich heiße Carlo de Carotte und ihre Tante hat mir viel von Ihnen erzählt." „Was wohl", dachte Susanne. „Bitte nehmen Sie Platz. Die anderen Gäste treffen auch schon ein." Ein Maulwurfpärchen betrat die Halle. Grabi und Grundbert. Sie hatte ihr Lieblingsparfüm aufgesprüht: „L´air du terre", eine kräftige Note aus feuchter Erde und überreifer Brombeere. Beide waren ein bisschen müde. Sie hatten bei Susannes Nachbarn den Rasen im Vorgarten etwas aufgelockert, was Ende Januar, nach dem Schnee, etwas anstrengend war. Marlow meinte, das könnte Ärger geben, aber Melusine flüsterte ihm zu: „Sie können doch nichts dazu. Sie müssen es einfach tun."

Carlo rief: „Champagner s'íl vous plaît", und es erschien ein roter Feldhamster mit weißer langer Schürze. Horatio trug das Tablett mit den Champagnergläsern und einem Schälchen mit Walnuss-Blätterteigschnecken. Leise Barockmusik erfüllte den Raum. Man nahm Platz.

Horatio servierte den ersten Gang:

Sellerie-Gorgonzola-Tarte mit Walnüssen.
Dann kam ein
Salat aus Ananas, Mango, Papaya und Erdnüssen
in einer Limonen-Knoblauch-Vinaigrette
mit etwas Schnittlauch.

Horatio servierte perfekt und schenkte den Wein nach. Er legte auch Möhrenbrot nach. Es folgte eine

Möhrensuppe mit Zimtcroutons.

Susanne fiel auf, dass die Backen von Horatio immer dicker wurden. Außerdem grinste er etwas unverschämt, als er den Hauptgang servierte:

Mangoldlasagne mit Steinpilzen.

Melusine wisperte neben Susanne: „Ich muss etwas auf meine Linie achten." Bei Horatio konnte davon keine Rede sein. Er zwackte bei jedem Gang in der Küche etwas für sich ab und packte es in eine seiner Hamsterbacken. Als er das Dessert servierte,

Gratinierte Pfirsiche mit Amarettinis,

war es überdeutlich: Carlo de Carotte sah seine bis zum Platzen gefüllten Backen und folgte ihm in die Küche.

Nach einer Weile kehrte Carlo zu seinen Gästen zurück. Mit einem Tablett, auf dem giftgrüner Likör in kleinen, langstieligen Gläsern blitzte. Er schmeckte herrlich. Frisch, minzig, sogar ein bisschen zitrusfruchtig. Das Aroma zog durch die Halle und machte die Gäste wieder munter. Alle redeten und lachten durcheinander. Melusine konnte gar nicht mehr aufhören und Marlow musste ihr den Rücken streicheln, bis der Lachanfall vorüber war. Horatio kam mit dem Kaffee. Dazu gab es dünne Mandelplätzchen und kandierte Früchte. Horatios Backen waren wieder normal, dafür klebte grüner Likör an seinem Bart. Als er zurück zur Küche wollte, rammte er ein bisschen den Durchgang und leise bröckelte Lehm von der Wand. Carlo de Carotte bleckte seine großen Vorderzähne und Susanne kicherte etwas nervös. In der Küche ging mit lautem Getöse Geschirr zu Bruch. Das schöne Porzellan! Susanne sagte: „Wir wollen uns verabschieden. Es war ein wunderschönes Essen und ein sehr unterhaltsamer Abend. Vielen Dank."

Carlo murmelte so etwas wie: „Tut mir leid, Horatio ist ein begnadeter Koch, aber er ist auch etwas ungezogen." Aus der Küche schallte das Lied: „Fuchs, du hast die Gans gestohlen, gib sie wieder her!... Oder ich hack dir den Schwanz ab."

Melusine, Marlow und Susanne bestiegen erleichtert das Motorrad. Marlow gab Gas und sie rasten zurück. In der letzten Kurve wurde es Susanne leicht übel und sie war froh, als sie wieder in ihrem Schlafzimmer stand. Dieser grüne Likör! Leises Wispern auf dem Dielenboden. Die Mäuse! „Dank für die tolle Fahrt und die schöne Einladung," sagte Susanne. „Sie finden bestimmt alleine hinaus."

Am folgenden Morgen hatte sie leichte Kopfschmerzen. Dieser Carlo! Nach einer ausgiebigen heißen Dusche ging sie in die Küche und dachte über Frühstück nach. Aber sie kam nur bis Orangensaft. Die Katze hatte ihr weitere Frühstücksüberlegungen schon abgenommen und die getrüffelte Leberwurst weggefressen. Susanne hatte sie dummerweise auf der Anrichte stehen gelassen.

Die Katze schnurrte um ihre Beine, um wieder gutes Wetter zu machen. Gut, gut, jetzt eine große Tasse Kaffee, dann sehen wir weiter.

Ein paar notwendige Einkäufe in der Stadt. Katzenfutter und etwas Fisch, um Katzenpannen zu vermeiden. Ein neuer Versuch mit getrüffelter Leberwurst. Ein Besuch bei der Bank. Ein freundlicher Vermögensberater. Die Konten sehen bestens aus. Dagobert Duck könnte neidisch werden.

Nach einem ausgiebigen Nickerchen dachte Susanne über ihr Fest nach. Vielleicht wäre es schöner, die Einladung im Frühling zu machen. Dann ist das Wetter besser, sie kennt sich in dem großen Haus besser aus und hat den Haushalt auch besser im Griff.

Norbert rief an und lud sie zum Abendessen ins „Besoffene Ferkel" ein. (Die Schweinefilet-Gerichte waren dort göttlich). „Lieber morgen Abend, wenn es dir recht ist. Ich habe heute Morgen von der Leberwurst gegessen, die über Nacht offen in der Küche gestanden hat. Mir ist es ein bisschen flau", log Susanne. In Wirklichkeit war sie einfach noch zu satt. Norbert war sehr besorgt. „Willst du nicht lieber zum Arzt gehen? So leicht verderbliche Lebensmittel lässt man nicht ungekühlt stehen", sagte er. „Ich rufe dich heute Abend noch einmal an."

Mein
Kochbuch

Vergnügt und mit einem romantischen Gefühl im Herzen machte sie sich auf in den ersten Stock. Zum Garten hinaus war eine kleine Bibliothek mit einem Wintergarten und zwei dick gepolsterten Korbsesseln. Die Bücher waren in Schränken mit Glastüren aufbewahrt, die bis unter die Decke reichten. Mal sehen: Romane, Reiseberichte, Kunstbände. Kochbücher! Richtige Klassiker: Man nehme... usw. Dazwischen ein kleines, ledergebundenes Bändchen. Ein handgeschriebenes Kochbuch von Tante Thea! Hasenbraten entzifferte Susanne. Ich brauche unbedingt jemanden, der diese alte Schrift lesen kann.

Am folgenden Abend holten Susanne und Norbert das Abendessen im „Besoffenen Ferkel" nach.

Bei kleinen
Pilztörtchen vorab,

dann Schweinefilet mit Ananas,
Sahne und Parmesan überbacken,

anschließend Zimtbirnen mit Eis
und Mandelplätzchen,

erzählte Susanne von dem alten Kochbuch. Norbert bot sich an, das Büchlein seiner alten Vermieterin zu zeigen. „Frau Schlingensief kann die Rezepte bestimmt lesen. Sie übersetzt sie dir bestimmt. Für eine Flasche Himbeergeist. Natürlich vom Feinsten."

Auf der Heimfahrt machte Norbert Susanne Komplimente. Über ihren kulinarischen Sachverstand, das gepflegte alte Haus, ihr schickes Kostüm, ihr wohlriechendes Parfüm. „Gute Nacht Norbert. Und vielen Dank," sagte Susanne. „Gute Nacht. Ich komme dann morgen Abend und hole das alte Kochbuch ab." Er fuhr etwas zu schnell davon. „War ich etwa zu kühl?", dachte Susanne. Aber seine Komplimente waren etwas zu viel. Außerdem war sie vom Rotwein benebelt und hatte sich nicht mehr so richtig im Griff.

Dafür empfing sie ihn am nächsten Abend mit einer

gelben Paprikasuppe mit Kasseler.

Dann gab es
Spaghetti mit Shrimps und getrockneten Tomaten.

Anschließend Aprikosenstrudel.

Norbert genoss, machte Komplimente, küsste Susanne zum Abschied auf die Wange und fuhr mit dem alten Kochbuch davon.

Nach drei Tagen die ersten übersetzten Rezepte:

Kartoffel-Suppe.

Seezungenfilets à la Bismarck.

Gulasch auf feinere Art.

Tournedos auf Jägerart.

Hasenrücken.

Püfferchen.

Tutti Frutti.

Norbert sagte, dass es Frau Schlingensief große Freude mache, in alten Kocherinnerungen zu schwelgen. In acht Tagen wäre sie mit dem Rest fertig.

Susanne beendete die Planungen zu ihrem Festmenü. Sie verschickte Einladungen an Lotti und Lothar, Erna und Erwin und an Norbert. Endlich war das Haus so, wie sie es mochte. Auf- und umgeräumt, die alten Möbel entstaubt und poliert. Speisekammer und Kühlschrank so bestückt, dass Katze und Krähe nichts zu beanstanden hatten. Die kleinen Mäuse hatte sie lange nicht mehr gesehen. Wahrscheinlich kannten die beiden Susannes Vorräte besser als sie selbst. Die Katze las die Einladungen, bevor sie verschickt wurden. Auch die Menüfolge sagte ihr zu, und sie überlegte, ob die nächste Einladung bei Zita erst danach stattfinden sollte. Sie unterrichtete die Krähe, die ein bisschen sauer war. Carola war regelmäßige Traumessen gewohnt. Nicht zu lange Pausen dazwischen. Die Mäuse hatten gelauscht. Ihnen war es recht.

Der 28. März war ein herrlicher Vorfrühlingstag. Zarte Knospen zeigten sich überall im Garten. Schneeglöckchen und Veilchen bildeten kleine Teppiche. Susanne schmückte ihre Tafel also blauweiß. Dazu Damastdecke, der große schwere Silberleuchter und das dünne Porzellan.

Ein gelungener Abend. Ein kulinarisches Erlebnis. Die Freunde gut gelaunt und satt. Norbert etwas nervös, aber auch zufrieden.

Nachdem die Freunde sich verabschiedet hatten, blieb er noch ein bisschen. Sie tranken ein Glas Champagner und Norbert legte Susanne ein kleines Päckchen in den Schoß.

Ein Ring mit einem dunkelblauen Stein. Er meinte, vielleicht könnte aus ihrer schönen Freundschaft eine wunderschöne Liebe entstehen. Ein wirklich gelungener Abend und schöne Aussichten, dachte Susanne. Die Zukunft sah rosarot aus, wie eine leichte Himbeersahne auf Mandelbiskuit.

Susanne würde ihr Kochbuch schreiben, das Haus und den Garten genießen. Wenn Norbert sich dazu gesellen würde, gäbe es da natürlich ein kleines Problem. Die Traumessen! Sie müsste auf getrennten Schlafzimmern bestehen. Ich muss mit der Katze sprechen, dachte Susanne. Isi runzelte die weissbefellte Nase und meinte, man müsste das mit Zita bereden. Zita war dafür, Norbert einzuweihen und einzuführen in den Kreis der Traumesser. (Zu diesem Anlass würde sie sich einen Brillanten für das linke Ohr zulegen.) Raimund klapperte etwas erregt mit dem Schnabel, hatte aber nichts dagegen. Hauptsache, dieser Norbert kann sich benehmen, dachte er. Carlo de Carottes Nase vibrierte vor Neugier und Vergnügen. Alles klar. Demnächst kommt Norbert mit.

Die Nacht war sternenklar und kalt. Ende Oktober. Ein heller Mondstrahl traf durch einen Spalt in den Schlagläden auf die Märchentapete. Susanne war etwas unruhig im Schlaf. Norbert war wach. Seltsames Licht. Isi sprang aufs Bett und maunzte: „Jetzt aber los. Zita platzt vor Neugier, Herrn Norbert N. kennen zu lernen.“ Susanne und Norbert schlüpften in ihre Hausmäntel und folgten Isi durch die Tapete über den Hügel zur Straße. Da stand ein Geländewagen! Isi am Steuer. „Ich habe mir ein neues Auto zugelegt. Wer weiß, wie groß die Familie N. noch wird“, sagte sie.

Traum-Menü Boris. Für 8 Personen.

Perlhuhnterrine mit Traubensoße und
gerösteten Walnüssen.
Zanderfilet im Panchettamantel auf
süß-sauren Linsen.
Hirschkalbsrücken mit kleinen Bratkartoffeln
und grünen Bohnen.
Walnusstörtchen.

Traum-Menü Victor. Für 7 Personen.

Gebratene Garnele auf weißem und grünem Spargel
mit Zitronengrasvinaigrette und Ingwerschaum.
Sellerie-Kartoffelsuppe mit Mandelsahne.
Saiblingsfilets mit karamellisiertem Sauerkraut, Apfelkrautsoße und
frittierten Kartoffelplätzchen.
Lauwarmes Erdbeer-Rhabarberkompott
mit Vanilleeis und Zimt.

Traum-Menü Horatio. Für 6 Personen.

Blätterteigschnecken mit Pinienkernen und
getrockneten Tomaten.
Sellerie-Gorgonzola-Tarte mit Walnüssen.
Exotischer Salat mit Erdnüssen.
Möhrensuppe mit Zimtcroutons.
Mangoldlasagne mit Steinpilzen.
Gratinierte Pfirsiche mit Amarettinis.

Perlhuhnterrine mit Traubensoße und gerösteten Walnüssen.

Rechteckige Terrinenform mit dem Speck auslegen. Ofen auf 175° vorheizen. Die Perlhuhnbrüste auslösen und die Haut abziehen. Kalt stellen. Das restliche Fleisch von Haut und Knochen befreien. 5 Min. in den Gefrierschrank stellen. In der Zwischenzeit die Pistazien fein hacken. Das Perlhuhnfleisch in der Moulinette oder im Mixer fein pürieren. Die Masse in eine Schüssel geben. Mit der gekühlten Sahne mit dem Mixstab des Handrührers zu einer glatten Masse verarbeiten. Kalt stellen. Die gekühlten Perlhuhnbrüste in kleine Würfelchen schneiden. Die Masse aus dem Kühlschrank nehmen, Pastetengewürz, Pistazien, Portwein und Perlhuhnbrustwürfel unterrühren. Mit Salz und Pfeffer kräftig abschmecken. In die vorbereitete Terrinenform füllen. Den Speck darüber zusammenklappen.

Den Deckel der Terrinenform mit Alufolie ausfüllen, die Form schließen und mit Küchengarn verschnüren.

Saftpfanne des Backofens mit Wasser füllen, Terrine hineinstellen und 1 Stunde garen. Terrine abkühlen lassen und 24 Stunden kalt stellen. Aus der Form nehmen und in Alufolie wickeln. Bis zum Servieren kalt stellen.

Dazu passt gut eine Soße aus Weintrauben: 250 g kernlose Weintrauben in einem Esslöffel Butter anschmoren, mit Limettensaft, Zucker, gemahlenem Pfeffer und 2 El Portwein abschmecken.

Walnüsse grob hacken, ohne Fett in der Pfanne oder unter dem Grill rösten und die angerichteten Teller damit bestreuen.

Zutaten:

150 g fetter grüner Speck
(sehr dünn geschnitten),
2 Perlhühner,
50 g Pistazienkerne,
1/2 l süße Sahne
(gut gekühlt),
Salz,
Pfeffer aus der Mühle,
2 Eiweiß,
2 cl Portwein,
1 Tl Pastetengewürz.

Zanderfilet im Panchettamantel auf süß-sauren Linsen.

Die Linsen unter kaltem Wasser abspülen, dann mit Wasser bedeckt ca. 20 Min. garen. Vorher probieren, sie dürfen nicht matschig sein. In einem separaten Topf die klein geschnittenen Gemüse 3 Min. garen. Gemüse und Linsen mischen. Zur Seite stellen.

Die Selleriewürfel in der Brühe etwa 5 Min garen. Mit dem Mixstab pürieren. Sahne und Senf unterrühren. Salzen und pfeffern.

Die abgespülten Zanderstücke pfeffern und in Panchetta wickeln. In eine große feuerfeste Form oder die Saftpfanne des Backofens setzen. Etwas Wasser angießen und im vorgeheizten Ofen bei 220° 15 Min. garen.

Die Linsen wieder vorsichtig erhitzen, Honig und Balsamessig dazugeben und mit Salz und Pfeffer abschmecken.

Die Soße erhitzen. Die Linsen auf den Tellern verteilen, jeweils ein Zanderfilet draufsetzen. Rundherum etwas Soße verteilen.

Zutaten:

200 g kleine grüne Linsen
2 Möhren sehr klein gewürfelt
1/4 Sellerieknolle fein gewürfelt
1 Lauchstange ganz fein geschnitten
1 El Honig
2 El Balsamessig
Pfeffer und Salz

Pro Person 130 g Zanderfilet entgrätet
ca. 20 Scheiben Panchetta
(italienischer durchwachsener Speck)
oder 10 Scheiben Parmaschinken
Pfeffer

Soße

1/2 Sellerieknolle klein gewürfelt
4 cl Gemüsebrühe instant
1 Becher süße Sahne
1 El scharfer Senf
Pfeffer und Salz

Hirschkalbsrücken mit kleinen Bratkartoffeln und grünen Bohnen.

Die Kartoffeln 5 Min. in der Schale garen. Abgießen und pellen, wenn sie etwas erkaltet sind.

Die Bohnen putzen und waschen. In ca. 5 Min. knackig garen. Zur Seite stellen.

Der Hirschkalbsrücken: Das Fleisch von allen Seiten kräftig anbraten. Aus der Pfanne nehmen und zur Seite stellen. Eventuell noch 1 El Öl in der Pfanne erhitzen und darin das klein geschnittene Wurzelgemüse, die gehackte Zwiebel und 1 El gehackter Thymian anschmoren. Das Fleisch in eine große Auflaufform setzen, die angeschmorten Gemüse dazugeben, etwas Brühe angießen und bei 220° im vorgeheizten Backofen 30 Min. garen.

Das Fleisch ist 15 Min. im Ofen, jetzt das Pflanzenöl in der Pfanne erhitzen und die Kartoffeln langsam goldbraun braten.

Nach 30 Min. das Fleisch aus dem Ofen nehmen und in Alufolie eingewickelt zur Seite stellen.

Die Butter in einem Topf erhitzen und die Bohnen darin erwärmen.

Den Bratfond mit dem Mixstab pürieren, in einen Topf geben, mit dem restlichen Fond und einem Glas Rotwein aufgießen. Mit Pfeffer, Salz und 2 El Balsamessig abschmecken.

Die Bratkartoffeln in der Pfanne nochmals erhitzen, etwas salzen und pfeffern und den 1/2 Tl Lebkuchengewürz drüberstreuen. Kräftig durchschwenken.

Das Fleisch in Scheiben schneiden, mit etwas Soße überziehen, mit den Beilagen anrichten und servieren.

Zutaten:

1,5 kg Hirschkalbsrücken
1 Möhre
1 Stange Lauch
1 Stück Knollensellerie
1 Sträußchen Thymian
1 Zwiebel
Pfeffer und Salz

Pro Person 6 walnussgroße Kartoffeln
4 El Pflanzenfett
Pfeffer und Salz
1/2 Tl Lebkuchengewürz

600 g dünne grüne Bohnen
1 Tl Butter

Walnusstörtchen.

Die Hälfte des Zuckers mit der Speisestärke in einer Schüssel gründlich mischen, dann die 4 Eigelb und 1/4 der Milch (d. h. 1/8 l) dazugeben. Sehr sorgfältig verrühren.

Die zweite Hälfte des Zuckers mit der restlichen Milch und der Vanilleschote aufkochen. Vanilleschote herausnehmen.

Die angerührte Speisestärke langsam in die kochende Milch gießen und gut umrühren. Einige Male kräftig aufkochen lassen, wobei die Masse immer cremiger wird. Dabei mit dem Schneebesen kräftig durchrühren. Creme in eine Schüssel umfüllen und nach dem Erkalten über Nacht in den Kühlschrank stellen.

Am nächsten Tag:

1. Böden backen: Backofen auf 160° (Umluft Stufe 5) vorheizen, Backblech mit Backpapier auslegen. Hälfte des Teiges auf 3 mm Dicke ausrollen, Boden mit der Form ausstechen, dann auf dem Backblech Boden mit diesem Teig auslegen. Aus dem restlichen Teig eine Rolle formen, auf 3 mm Dicke ausrollen, auf 3 cm Breite beidseitig beschneiden und damit den Rand der Backform belegen. Ebenso für die zweite Backform. 20 – 23 Minuten backen.

2. Vanillecreme bereitstellen: Die Vanillecreme ist über Nacht fest geworden. Durch ein Sieb streichen (das ist etwas mühsam!) und dann mit dem Schneebesen oder dem Mixstab glatt rühren. Vanillecreme auf die ausgekühlten Tortenböden verteilen (reicht für 2 Böden).

3. Böden belegen: Die folgenden Angaben beziehen sich jeweils auf 1 Boden! 100 g Walnusskerne auf der Vanillecreme von außen nach innen verteilen. Karamell vorbereiten: 125 g Zucker mit 2 cl (= 1 Schnapsglas) Wasser kochen. Wenn der Zucker anfängt leicht braun zu werden, mit einem Löffel vorsichtig über die Walnüsse geben. Aber Achtung: je mehr Karamell, desto schlechter lassen sich die Törtchen später schneiden. Berücksichtigen, dass der Zucker beim Verteilen im Topf noch dunkler wird. Zu dunkel schmeckt er bitter.

Zutaten:

Teig für 2 kleine Formen
ø 18 cm, Höhe 3 cm:
am Tag vorher zubereiten:
180 g Butter
90 g Puderzucker
2 Eigelb
1 Vanilleschote (Mark)
1 Prise Salz

Im kaltem Zustand zu einer glatten Masse verrühren, evtl. mit einer Küchenmaschine. Dann 260 g Mehl unterarbeiten; Teig über Nacht im Kühlschrank ruhen lassen.

Ebenfalls 1 Tag vorher zubereiten:

Vanillecreme
120 g Zucker
40 g Speisestärke
4 Eigelb
1/2 l Milch
1/2 Vanilleschote

Wenn jeder 1/2 Törtchen bekommen soll, Rezept verdoppeln.

Variation Obsttörtchen:

Bevorzugt Beeren (Himbeeren, Johannisbeeren) auf der Vanillecreme verteilen.

Überzug vorbereiten: 200 ml Fruchtsaft oder Wein mit 60 g Zucker aufkochen. 9 Blatt Gelatine in kaltem Wasser einweichen, ausdrücken und in der heißen Flüssigkeit auflösen. Nach einiger Zeit (das dauert länger als 1/2 Stunde) wird das Gelee dickflüssig. Mit einem Löffel auf den Früchten verteilen.

Mit Kumquats:

200 g Kumquats waschen, in dünne Scheiben schneiden, dabei Kerne entfernen.

100 g Wasser, 100 g Zucker, Mark von 1 Vanilleschote und 4 El Orangenlikör aufkochen, Kumquatscheiben hinzufügen und 4 Minuten kochen lassen, bis sie glasig sind. Im Sud erkalten lassen. Herausnehmen, im Sieb abtropfen lassen und die Törtchen damit belegen.

Sirup nochmals aufkochen lassen, 6 vorher in Wasser aufgeweichte Gelatineblätter darin auflösen. Nach Erkalten mit einem Löffel auf den Kumquatscheiben verteilen.

Dazu die Himbeersoße:

Man braucht 2 Pakete TK-Himbeeren und 100 g Zucker. Zucker mit einer Tasse Wasser kochen, bis er aufgelöst ist. Die Himbeeren dazugeben und aufkochen. Anschließend die Masse durch ein Sieb passieren.

Gebratene Garnele auf weißem und grünem Spargel mit Zitronengrasvinaigrette und Ingwerschaum.

Die Zutaten der Vinaigrette mischen. Die unteren 2 cm des Zitronengrases fein hacken. Alles in einen Mixbecher geben und mit Mixstab fein pürieren.

Die Zutaten der Ingwersoße mischen. Den Ingwer schälen und fein hacken. Alles in einen Mixbecher geben und mit dem Mixstab fein pürieren.

Die Garnelen aus der Schale brechen, den Schwanz aber stehen lassen. Den Darm entfernen und waschen.

Den Spargel getrennt in 3 Min. bissfest garen. Abtropfen und zur Seite stellen. Gleichzeitig die Garnelen in heißem Pflanzenöl in ca. 5 bis 7 Min. goldbraun braten.

Den Spargel auf den Tellern verteilen. Mit der Vinaigrette beträufeln, jeweils 2 Garnelen auf den Spargel setzen und mit dem Ingwerschaum überziehen.

Sellerie-Kartoffel-Suppe mit Mandelsahne.

Die Mandelblättchen unter dem Grill oder in einer Pfanne ohne Fett goldbraun rösten.

Petersilie fein hacken und kühl stellen.

Sellerie schälen und in kleine Stücke schneiden. Ebenso mit den Kartoffeln verfahren. Mit dem 1/2 Glas der Gemüsebrühe 15 Min. kochen. Mit dem Mixstab fein pürieren. 1 Becher Sahne, Milch und Weißwein dazugeben. Ein wenig köcheln lassen und mit Salz, Pfeffer und Muskat abschmecken. Falls die Suppe zu dick ist, mit der Gemüsebrühe verdünnen. Dann nochmals kurz aufkochen.

Den 1/2 Becher Sahne steifschlagen

Die Suppe in die Teller geben, mit der Petersilie übergrünen, die geschlagene Sahne auf den Tellern verteilen und die Mandelblättchen darauf verteilen. Zu Tisch damit.

Zutaten:

14 Riesengarnelen in der Schale
14 Stangen weißer und
14 Stangen grüner Spargel

Vinaigrette

2 El Sojasoße, 2 El Olivenöl
1 Stängel Zitronengras
2 El trockener Sherry
1 Tl Puderzucker
1 Tl Weißweinessig
1 Prise Salz
Pfeffer aus der Mühle

Ingwerschaum

1 walnussgroßes Stück Ingwer
1/2 Becher süße Sahne
2 El magere Fertigmajonäse
Saft einer 1/2 Limone
1 Prise Salz
2 Umdrehungen Pfeffer aus der Mühle

Sellerie-Kartoffelsuppe

6 mitteldicke mehlige Kartoffeln
1/2 Sellerieknolle
1 1/2 Becher süße Sahne
200 ml Milch
1 Glas fertige Gemüsebrühe
200 ml Weißwein
1/4 Bund gehackte Blattpetersilie
Salz, Pfeffer und Muskat aus der Mühle
1/2 Päckchen blättrig geschnittene Mandeln

Saiblingsfilets mit karamellisiertem Sauerkraut, Apfelkrautsoße und frittierten Kartoffelplätzchen.

Zuerst das Sauerkraut: Die Wacholderbeeren aus dem Kraut entfernen. Die Butter in einem Topf bei mittlerer Temperatur erhitzen, den Zucker einrühren und solange rühren, bis er beginnt zu schmelzen. Sauerkraut zugeben, mehrmals umrühren, mit dem Weißwein ablöschen und 10 Min. leicht köcheln lassen. Mit Pfeffer und Salz abschmecken und zur Seite stellen.

Die Soße: Den Kalbsfond mit dem Apfelkraut und der Printe erhitzen und 10 Min. köcheln lassen. In einen Mixbecher füllen und mit dem Mixstab fein pürieren. Ketchup und Balsamessig unterrühren, mit Salz und Pfeffer abschmecken. Erst vor dem Servieren die Soße nochmals erhitzen und die kalte Butter untermixen, oder mit dem Soßenbinder leicht andicken.

Die Kartoffelplätzchen: Ein Drittel der Kartoffeln 20 Min. in der Schale garen. Die anderen schälen, grob reiben und leicht ausdrücken. Die gekochten Kartoffeln pellen, durch eine Presse drücken und zu den rohen Kartoffeln geben. Mehl, Ei und Salz unterrühren. Mit bemehlten Händen kleine flache Puffer formen und bei 180° heißem Pflanzenfett portionsweise goldbraun frittieren.

Bitte wenden.

Zutaten:

4 Saiblinge filetiert
einige Butterflöckchen
Saft einer Zitrone

350 g frisches Sauerkraut
(aus dem Reformhaus)
2 El brauner Rohrzucker
2 El Butter
100 ml Weißwein
Pfeffer und Salz

1 kg Kartoffeln
2 El Mehl
1 Ei
1/2 Salz und Pflanzenfett
zum Frittieren

3 El Apfelkraut
1 Kräuterprinte
1/2 Glas Kalbsfond
(Fertigprodukt)
1 Tl Balsamessig
2 El Tomatenketchup
Pfeffer und Salz
2 El eiskalte Butter
evtl. etwas dunkler Soßenbinder.

Saiblingsfilets mit karamellisiertem Sauerkraut, Apfelkrautsoße und frittierten Kartoffelplätzchen.

Die Saiblingfilets: Filets mit einer Pinzette von den restlichen feinen Gräten befreien. Den Backofen auf 275° vorheizen. Die Filets in eine große, etwas eingefettete Auflaufform nebeneinander legen. Ein Glas Wasser angießen, etwas mit Zitronensaft beträufeln und auf jedes Filet ein Butterflöckchen legen. 10 Min. in den aufgeheizten Backofen. Vorsichtig mit einem Bratenheber aus der Form heben und über Küchenkrepp abtropfen lassen.

Das Sauerkraut in die Mitte der Teller geben, darauf das Saiblingsfilet legen, mit 1–2 El Soße überziehen, je 2 Kartoffelplätzchen an die Seite legen.

Reihenfolge: Zuerst das Sauerkraut zubereiten, dann die Soße. Beides zur Seite stellen. Backofen vorheizen, Kartoffeln aufsetzen zum Kochen. Fischfilets mit allen Zutaten in eine Auflaufform geben. Kartoffelplätzchen vorbereiten. Wenn die ersten in der Friteuse sind, Fisch in den Ofen stellen, Sauerkraut und Soße erhitzen. Die kalte Butter untermixen.

Lauwarmes Erdbeer-Rhabarberkompott mit Vanilleeis und Zimt.

Erdbeeren waschen, Grün abzupfen, vierteln. Marmelade durch ein Sieb streichen, es sollten keine Stückchen zurückbleiben. Marmelade in einem Topf erhitzen, Erdbeeren dazugeben. Hitze unter dem Topf abstellen, Topf aber auf der Platte stehen lassen.

Rhabarber waschen, putzen und in kleine Stücke schneiden. Mit dem Zucker in einem Topf aufkochen, Hitze reduzieren und 3 Min. köcheln lassen. Zur Seite stellen.

In die Mitte von tiefen Tellern das Rhabarberkompott geben, drumherum die Erdbeeren. Auf das Rhabarberkompott 3 Bällchen Vanilleeis setzen. Über alles ein bisschen Zimt streuen.

Zutaten:

500 g Erdbeeren
3 El Erdbeermarmelade
6 Stangen Rhabarber
4 El Zucker
1 Paket Vanilleeis
1 El Zimt

Blätterteigschnecken mit Pinienkernen und getrockneten Tomaten.

Backofen auf 200° vorheizen. Die aufgetauten Blätterteigplatten an den Rändern mit Eiweiß bepinseln, leicht überlappend übereinander legen, etwas andrücken. Die Füllung gleichmäßig darauf verteilen, pfeffern. Von der Längsseite her vorsichtig aufrollen, in 1 cm breite Scheiben schneiden und auf ein mit Backtrennpapier ausgelegtes Backblech legen. Für ca. 20 Min. in den Backofen schieben. Sie sollten goldbraun sein. Lauwarm servieren.

Sellerie-Gorgonzola-Tarte mit Walnüssen.

Sellerieknolle schälen, in dünne Scheiben schneiden und in etwas Wasser 3–5 Minuten garen. Abtropfen und zur Seite stellen. Blätterteig-Platten zum Auftauen auslegen.

Zwiebel fein hacken und in der Butter anschmoren. Mit etwas Wasser (1/2 Weinglas) ablöschen und etwas köcheln lassen. Sahne und den in Stückchen geschnittenen Gorgonzola dazugeben. Schön rühren und den Käse schmelzen lassen. Pfeffern und etwas nachsalzen.

Ofen auf 200° vorheizen.

Soße vom Herd nehmen. Etwas Soße abnehmen und mit den Eigelben verrühren. Zurück in den Topf und mit dem Schneebesen gut durchrühren.

Tarte-Form etwas einfetten; Blätterteig-Blätter in der Form auslegen. Dabei etwas der Form entsprechend ausziehen. Die Selleriescheiben einschichten, mit der Soße begießen. Ab in den Ofen. Nach etwa 10–15 Minuten, die Oberfläche der Tarte sollte goldig aussehen, die gehackten Walnüsse darüber streuen. Noch ca. 10 Minuten weiterbacken. Beobachten!

Mit gehackter Petersilie bestreut servieren.

Zutaten:

Blätterteigschnecken
6 Platten TK-Blätterteig
1 Tasse kleingeschnittene, eingelegte, getrocknete Tomaten
1 Tasse Pinienkerne
1 gehäufte Tasse geraspelter Schweizer Emmentaler
Pfeffer
1 Eiweiß

Sellerie-Gorgonzola-Tarte mit Walnüssen
1/2 Sellerieknolle
150 g Gorgonzola
1 Becher süße Sahne
2 Eigelb
1 Zwiebel
100 g grob gehackte Walnüsse
1 Tl Butter
Salz
Pfeffer aus der Mühle
6 Platten TK-Blätterteig
Butter für die Form

Exotischer Salat mit Erdnüssen.

Aus 2 El Limonensaft, Olivenöl, der durchgepressten Knoblauchzehe und dem Puderzucker mit dem Mixstab eine Vinaigrette mixen. Mit Salz und Pfeffer abschmecken. Die sehr fein gehackten Kräuter unterrühren. Die Früchte schälen und in kleine Stücke schneiden. Den Sellerie in ganz dünne Scheiben schneiden. Mit den Erdnüssen vorsichtig mit der Vinaigrette vermengen.

In kleinen tiefen Tellern servieren. Oder auf großen Tellern anrichten, aber dann mit einem schönen Salatblatt garnieren.

P.S.: Wenn keine Nager anwesend sind, noch 300 g Shrimps unter den Salat mischen.

Möhrensuppe mit Zimtcroutons.

Möhren putzen und in Scheiben schneiden. Zwiebel würfeln und in der Butter glasig dünsten. Möhren zugeben, kurz anschwitzen, mit dem Kreuzkümmel bestäuben, ein paar Mal umrühren, dann mit der Gemüsebrühe ablöschen und 15 Min. leicht köcheln lassen. Die Suppe fein pürieren. Orangensaft, Orangenschale und die Sahne zugeben. Nochmals kräftig durchmixen. Mit Salz und Pfeffer abschmecken.

Toastbrot in kleine, gleichmäßige Würfel schneiden. Butter in einer Pfanne schmelzen, Würfel hineingeben und goldbraun rösten. Mit Zimt bestäuben. Die Suppe auf Tellern verteilen, mit der gehackten Minze und den Croutons anrichten.

Zutaten:

Exotischer Salat mit Erdnüssen

1 Papaya
1 Mango
3 Scheiben einer großen, frischen Ananas
4 Stangen Bleichsellerie
100 g ungesalzene Erdnüsse
1/2 Bund Schnittlauch
1/4 Bund Blattpetersilie
1 kleine Knoblauchzehe
2 Limonen
2 El Olivenöl
Pfeffer und Salz
1/2 Tl Puderzucker

Möhrensuppe mit Zimtcroutons

600 g Möhren
2 Zwiebeln
1 El Butter
1 Tl Kreuzkümmel
1/2 l Gemüsebrühe (Fertigprodukt)
1 El abgeriebene Orangenschale
1/4 l Orangensaft
1 Becher süße Sahne
Salz, Pfeffer
2 El gehackte Minze
2 Scheiben Toast
Zimt
1 El Butter

Mangoldlasagne mit Steinpilzen.

Lasagneplatten, die man nicht vorkochen muss.

Mangold waschen und zerteilen. Ca. 3 cm der unteren Stängel abschneiden. Den Rest in dünne Steifen schneiden und dann fein würfeln. In wenig Wasser 5 Min. garen. In einem Sieb abgießen, 2 El Öl in dem Topf erhitzen. Den Mangold darin schwenken, salzen, pfeffern, Knoblauch pressen und unterrühren. Zur Seite stellen.

Steinpilze in lauwarmem Wasser 1/2 Stunde einlegen. Die Pilze aus dem Sud nehmen und gründlich abbrausen. Den Sud durch einen Filter in ein Gefäß abgießen. Pilze sehr klein schneiden.

Die Champignons putzen, waschen und fein würfeln. 2 El Öl in einer tiefen Pfanne erhitzen. Die gehackte Zwiebel darin anschmoren. Steinpilze und Champignons zugeben und solange schmoren, bis die Flüssigkeit verdunstet ist. Pfeffern und salzen. Zur Seite stellen.

Die Béchamelsoße: Die Butter schmelzen, das Mehl einrühren und auf kleinem Feuer anschwitzen. Nicht bräunen! Die Milch angießen und mit dem Schneebesen kräftig durchrühren. 10 – 15 Min. ganz leicht köcheln lassen. Die Soße sollte sehr cremig sein, aber nicht zu dick. Sonst etwas Milch oder sogar Weißwein zugießen. Wieder erwärmen.

In einer Auflaufform etwas Béchamel verteilen, Lasagneplatten drauflegen. Eine Schicht Mangold, Lasagneplatten. Darauf Béchamel, darauf eine Lage Pilze. Lasagneplatten, Soße, Gemüse usw. Der Abschluss sind Lasagneplatten und zuoberst eine Schicht Béchamel, in die der Parmesan eingerührt ist.
Ab in den auf 200° vorgeheizten Backofen für 25 – 30 Min.

Zutaten:

Mangoldlasagne mit Steinpilzen
2 Stauden Mangold
300 g Waldchampignons
30 g getrocknete Steinpilze
1 Zwiebel
2 Knoblauchzehen
Pfeffer und Salz
4 El Olivenöl

Béchamelsoße
50 g Butter
50 g Mehl
1/2 l Milch
100 g Parmesan

Gratinierte Pfirsiche mit Amarettinis.

Backofen auf 200° vorheizen. Die Amarettinis grob zerkleinern, 50 g zur Seite stellen. Die restlichen mit dem Amaretto beträufeln. Pfirsiche quer halbieren, Kerne entfernen. Die untere Hälfte mit der Keksmasse füllen, Deckel kreuzweise einschneiden. Die Pfirsiche wieder zusammensetzen und in eine Auflaufform setzen. Die Butter schmelzen und über die Pfirsiche geben. Für 10 Min. in den Backofen. In tiefen Tellern jeweils 2 Bällchen Vanilleeis geben und mit dem Löffel flachdrücken, einen warmen Pfirsich draufsetzen und mit den zerbröselten Amarettinis bestreuen.

Zutaten:

6 gelbe Pfirsiche
150 g Amarettinis
2 El Amaretto
50 g Butter
Vanilleeis
(Fertigprodukt)

Grüner Mandelsalat auf Weizentortilla mit Parmaschinken.

Ruccola waschen und mundgerecht zerschneiden. Mandelstifte in einer Pfanne ohne Fett leicht bräunen. Zutaten der Vinaigrette mischen und mit dem Mixstab aufmixen.

Tortillas in der heißen Pfanne ohne Fett kurz erwärmen. Auf Teller geben, dann den Salat darauf, mit der Vinaigrette beträufeln und den Parmaschinken dazu arrangieren.

Rotkohlsuppe.

Rotkohl von den äußeren Blättern befreien. Vierteln, achteln, weißen Strunk rausschneiden und dann so gut es geht in feine Streifen schneiden. Pflanzenöl in einem großen Topf erhitzen, Rotkohl dazugeben, umrühren, etwas anschmoren und den Rotwein oder die Gemüsebrühe angießen. Ab und zu umrühren, evtl. etwas Wasser zugießen. Nach 3/4 Stunde den Preiselbeerkompott dazugeben. Umrühren nicht vergessen.

Nach insgesamt 1 1/2 Stunden mit Pfeffer, Salz und Balsamessig abschmecken. Die Hälfte abnehmen und pürieren. Mit der Brühe etwas verdünnen. In tiefe Teller geben und in der Mitte etwas Crème fraîche verrühren.

Tipp: den Rest am anderen Tag verwenden oder einfrieren.

Der Rotkohl passt gut zu gebratenem Fisch oder Shrimps mit einer samtigen Weißweinsoße, zu einem tollen Hirschkalbfilet, gebratener Perlhuhnbrust und Hasenrücken. Dann sollte die Soße dunkel sein und eine Kräuterprinte, etwas rheinisches Apfelkraut und Balsamessig enthalten.

Zutaten:

Grüner Mandelsalat auf Weizentortilla mit Parmaschinken

1/2 Bund Ruccola
50 g Mandelstifte
Vinaigrette:
2 El Olivenöl
1 El weißer Balsamessig
1 Tl Dijon-Senf
1/2 Tl Puderzucker
Pfeffer und Salz
4 Scheiben Parmaschinken
2 kleine Weizentortillas
(oder eine größere halbiert)

Rotkohlsuppe

1 kleiner Rotkohl
2 El Pflanzenöl
1/2 l Rotwein (nicht staubtrocken)
oder Gemüsebrühe
1/2 Glas Preiselbeerkompott
(ca. 150 g)
Pfeffer und Salz
3 El Balsamessig

Für die Suppe

1/4 l Gemüsebrühe
2 El Crème fraîche

Tandoori-Lachs auf asiatischem Gemüse mit Ingwerschaum.

Backofen auf 200° vorheizen. Lachsfilets entgräten, dunkle Stellen wegschneiden. 2 Teller bereitstellen, je einen für Mondamin und für Tandoori-Masala.

2 El Öl in einer beschichteten Pfanne erhitzen. Lachsfilets zuerst in Mondamin wälzen, dann in Tandoori-Masala. Von beiden Seiten scharf anbraten. In eine feuerfeste Form legen und im Ofen in 10 Min. fertig garen.

Gemüse nach Anweisung erhitzen. Ingwer schälen, klein hacken und mit der sauren Sahne, Crème fraîche und Miracel Whip mischen. Etwas pfeffern und salzen. Mit dem Mixstab aufmixen. Eventuell mit etwas Zitronensaft abschmecken.

Gemüse auf Tellern verteilen, Lachsfilet draufsetzen und die Soße rundherum geben.

Ziegenfrischkäse auf Apfelkompott mit Waldhonig überbacken.

Apfel entkernen und in kleine Würfel schneiden. Butter in einem kleinen Topf schmelzen. Pinienkerne darin anschmoren, bis sie etwas Farbe annehmen. Apfelstücke, Zucker und Rosinen dazugeben. Mit Zitronensaft beträufeln und bei kleiner Hitze 3 Min. schmoren lassen.

Grill aufheizen.

Kompott auf zwei feuerfeste Teller verteilen, Käse in die Mitte setzen – jeweils 1 El Waldhonig darauf träufeln. Unter dem Grill ca. 4 Min. goldbraun überbacken.

Zutaten:

Tandoori-Lachs auf asiatischem Gemüse mit Ingwerschaum

2 Stücke Lachsfilet á 150 g
Pflanzenöl zum Braten
1 El Tandoori-Masala
(indisches Gewürz)
1 El Mondamin
300 g asiatisches Gemüse (TK)
1 walnussgroßes Stück Ingwer
1/2 Becher saure Sahne
2 El Crème fraîche
Pfeffer und Salz
evtl. etwas Zitronensaft

Ziegenfrischkäse auf Apfelkompott mit Waldhonig überbacken

2 kleine runde Ziegenfrischkäse
1 großer fester Apfel
1 Tl Butter
1 El Zitronensaft
2 El Pinienkerne
1 El weiße Rosinen
1/2 Tl Zucker
2 El Waldhonig

Salat „Vitaminbombe".

Grapefruit halbieren, 1 Hälfte filetieren. Papaya halbieren, 1 Hälfte schälen, würfeln und 1 El Samen entnehmen. Paprika entkernen, vierteln, je ein Viertel in dünne Streifen schneiden. Reste in Klarsichtfolie wickeln, kalt stellen, anderweitig verwenden.

Alle Zutaten für die Sauce in ein hohes Gefäß geben und mit dem Mixstab kräftig aufmixen, bis die Papayasamen wie zerstoßener Pfeffer aussehen. Mit Salz und Pfeffer abschmecken.

Zwiebel schälen, in dünne Ringe schneiden. Den Salat mit allen Zutaten mischen und etwas ziehen lassen.

Filetsteak mit Honig.

Mit 1 El Öl das Steak von allen Seiten einmassieren. 2 El Pflanzenöl in der Pfanne erhitzen und das Steak von jeder Seite 4 Minuten braten (medium).

Dann den Honig auf dem Steak verteilen. Von jeder Seite noch 1 Minute weiterbraten. Zur Seite stellen, pfeffern und etwas salzen.

Dazu ein paar Scheiben Walnussbrot und Butter.

Zutaten:

Salat „Vitaminbombe"
1/2 rosa Grapefruit
1/2 Papaya
1/4 gelbe Paprikaschote
1/4 rote Paprikaschote
1 rote Zwiebel

Sauce
1/2 Tl Dijonsenf
1/2 Tl Zucker
1 Tl weißer Balsamessig
1 Tl Olivenöl
1 El Papayasamen
Pfeffer und Salz

Filetsteak mit Honig
1 Filetsteak à 200 g
1 El Honig
3 El Pflanzenöl
Pfeffer und Salz

Einfaches Dessert für alle Fälle

Lieblingseis aus der Tiefkühltruhe. Frische Früchte oder Kompott gekocht aus Tiefkühlfrüchten.

Abgeschmeckt mit Vanillezucker, Zucker und evtl. etwas Likör. Nach Geschmack obenauf etwas Sahne und Garnierung.

Gelbe Paprikasuppe mit Kasseler.

Paprikaschoten entkernen und grob würfeln. In der Gemüsebrühe 10 Min. garen. Die Sahne dazu gießen und die Suppe aufmixen. Mit Salz und Pfeffer abschmecken.

Kasselerscheiben klein würfeln und mit Paprikapulver bestäuben.

Die heiße Suppe in tiefe Teller geben, jeweils in die Mitte 1 El Crème fraîche verteilen, die Kasselerwürfel darauf setzen und auf jeden Teller ein paar Spritzer roten Tabasco verteilen.

Spaghetti mit Shrimps und getrockneten Tomaten.

Spaghetti-Wasser aufsetzen. Getrocknete Tomaten abtupfen und klein schneiden. Spinat waschen, verlesen und grob zerschneiden. Zwiebel fein würfeln.

Spaghetti ins kochende Wasser geben, Kochzeit nach Angabe auf der Verpackung.

Pflanzenöl in einer beschichteten Pfanne erhitzen. Zwiebeln kurz anbraten, Shrimps und Tomatenstücke dazugeben und kurz mitbraten. Temperatur verringern. Etwas schmoren lassen. Den Spinat und den durchgepressten Knoblauch dazugeben. Spinat gart schnell! Mit Pfeffer und Salz abschmecken. Olivenöl einrühren und auf ganz kleiner Flamme ziehen lassen. Spaghettis abgießen und mit dem Ragout mischen. In tiefen Tellern servieren.

Zutaten:

Gelbe Paprikasuppe mit Kasseler

2 gelbe Paprikaschoten
1 Tasse Gemüsebrühe
1 Tasse süße Sahne
2 El Crème fraîche
roter Tabasco
Pfeffer und Salz
2 Scheiben fertiger Kasselerbraten (ca. 1/2 cm dick)
1 Tl rotes Paprikapulver edelsüß

Spaghetti mit Shrimps und getrockneten Tomaten

200 g Spaghetti
200 g mittelgroße Shrimps ohne Schale, entdarmt
4 getrocknete Tomaten in Öl
1 Knoblauchzehe
1 kleine Zwiebel
200 g frischer Spinat
4 El Olivenöl erstklassiger Qualität
1 El Pflanzenöl
Pfeffer und Salz

Aprikosenstrudel.

Getrocknete Aprikosen kleinschneiden und in 1 Tasse Weißwein 2 Stunden lang einweichen.

Walnüsse hacken. TK-Blätterteig auftauen. Backofen auf 200° vorheizen.

Die getrockneten Aprikosen im Weißwein aufkochen, bis alle Flüssigkeit verdampft ist. Mit der Marmelade und den abgetropften, kleingeschnittenen Dosenaprikosen vermischen. Zitronensaft, die gehackten Nüsse und das Mark der Vanilleschote dazugeben.

Blätterteigplatten zusammenlegen, bei rundem Teig Rechteck schneiden. Füllung auf der unteren Längsseite verteilen, Teig dann aufrollen. Backblech mit Backpapier auslegen und den Strudel ca. 25 Min. goldbraun backen.

Mit geschlagener Sahne, Creme fraîche oder Vanilleeis servieren.

Zutaten:

1 Paket TK-Blätterteig
(oder 1 Rolle aus dem Kühlregal)
8 Aprikosenhälften aus der Dose
8 getrocknete Aprikosen
1 Tasse Weißwein
4 El Aprikosenmarmelade
Saft einer 1/2 Zitrone
40 g Walnüsse
1 Vanilleschote
Geschlagene Sahne oder Vanilleeis

Fischragout mit Gemüse.
(2 Personen)

Zuerst das Gemüse (außer den Kartoffeln) putzen und klein schneiden. In einen mittelgroßen Topf füllen. Gemüsebrühe, Weißwein, Safranfäden und das Lorbeerblatt dazugeben und 5 Min. köcheln lassen. Kartoffeln schälen, würfeln und in einem separaten Topf in etwas Wasser 5 – 8 Min. garen. Fisch entgräten und in mundgerechte Würfel schneiden. Mit etwas Zitronensaft beträufeln.

Lorbeerblatt aus dem Gemüse herausnehmen. Die gegarten Kartoffeln zum Gemüse geben. Sahne und Martini anrühren und einmal aufkochen. Mit Salz und Pfeffer abschmecken. Jetzt die Fischstücke in das Gemüse geben und alles noch 5 Min. leicht köcheln lassen. Vorsichtig umrühren. Eventuell nochmals mit Salz und Pfeffer abschmecken.

In tiefe Teller geben. Dazu schmeckt frisches Baguette.

Zutaten:

200 g Steinbeißerfilet
200 g Rotbarschfilet
1/2 Zitrone
2 mittelgroße Kartoffeln
1 Lauchstange
2 Möhren
4 Stangen Bleichsellerie
1 Tasse Gemüsebrühe
ein paar Safranfäden
1 Weinglas Martini Extra Dry
1 Weinglas Weißwein
1/2 Becher süße Sahne
Pfeffer und Salz
1 Lorbeerblatt

Susannes Festmenü
für 6 Personen.

*Garnele in Panchetta gewickelt
auf weißem Bohnenpüree.*

*Frische Erbsensuppe
mit Basilikum.*

*Lottemedaillons auf grünem Spargel
mit Vanillesoße.*

*Rehrücken mit
Kartoffel-Apfel-Walnuss-Strudel.*

*Mousse au Chocolat mit Vanillesahne
und Früchten.*

Garnelen in Panchetta gewickelt auf weißem Bohnenpüree.

Bohnen in einem Sieb abtropfen lassen. Mit dem Olivenöl, Zitronensaft, etwas Salz und Pfeffer gut durchpürieren. Dann mit Salz und Pfeffer fertig abschmecken.

Garnelen aus den Schalen brechen, Schwanz dranlassen, Darm entfernen. Jede Garnele in eine Panchettascheibe wickeln. Im heißen Öl ca. 5 Min. goldbraun braten.

Das Bohnenpüree in die Mitte der Teller geben. Gebratene Garnele draufsetzen und mit einigen Tropfen Balsamessig beträufeln.

Frische Erbsensuppe mit Basilikum.

Erbsen in der Gemüsebrühe aufkochen. Mit dem Mixstab gut durchpürieren. 3/4 Becher Sahne und den Wein dazugeben. Nochmals mixen. Wenn die Suppe zu dick ist, noch etwas Gemüsebrühe dazugeben. Mit Salz und Pfeffer abschmecken.

Basilikumblätter waschen, trockenschleudern und fein hacken. Restliche Sahne steif schlagen, Basilikum unterheben. Suppe auf den Tellern verteilen. Je einen Klecks Basilikumsahne in die Mitte setzen.

Zutaten:

6 dicke Garnelen
6 dünne Scheiben Panchetta
oder milder Schinkenspeck
2 El Pflanzenöl
1 Dose weiße Riesenbohnen 400 g
netto 250 g
1 El Olivenöl
1 El Zitronensaft
Salz und Pfeffer aus der Mühle
2–3 El Balsamessig

Frische Erbsensuppe
mit Basilikum
300 g TK-Erbsen
1/2 Glas Gemüsebrühe
(Fertigprodukt)
1 Becher süße Sahne
1 kleines Glas Weißwein
1/2 Bund Basilikum
Salz und Pfeffer aus der Mühle

Lottemedaillons auf grünem Spargel mit Vanillesoße.

Von den Spargelstangen nur das Ende schälen. Die Stangen halbieren. In wenig Wasser ca. 3 Min. garen. Abgießen und im selben Topf zur Seite stellen. Kartoffeln schälen und in kleine Würfel schneiden.

Für den Fisch, Ofen auf 200° vorheizen.

Die Soße: Vanilleschote aufschlitzen und das Mark mit dem Messerrücken herausdrücken. Kalbsfond, Wein, Sahne und das Vanillemark 5 Min. leicht köcheln lassen. Dabei immer mit dem Schneebesen umrühren. Einen guten Schluck trockenen Martini dazugeben, einmal mit dem Mixstab kräftig durchmixen. Mit Salz und Pfeffer abschmecken.

Die Lottemedaillons im heißen Öl von allen Seiten anbraten, dann für 10 Min. in einer feuerfesten Form mit etwas Wasser in den vorgeheizten Backofen stellen.

Pflanzenöl in einer Pfanne erhitzen und die Kartoffelwürfel knusprig goldbraun braten.

Die Butter in dem Spargeltopf schmelzen, den Spargel etwas darin schwenken, etwas pfeffern und salzen, und wieder erhitzen.

Die Soße erwärmen.

In die Mitte der Teller den Spargel platzieren, ein Medaillon draufsetzen, rundherum die Soße verteilen und die Kartoffelwürfelchen darüber verteilen.

Zutaten:

6 Lottemedaillons,
von den festen Häuten befreit
1 kg grüner Spargel
1 Tl Butter
4 damenfaustgroße Kartoffeln
3 El Pflanzenöl
Salz und Pfeffer aus der Mühle
1 Tasse Kalbsfond (Fertigprodukt)
3/4 Becher süße Sahne
1 kleines Glas Weißwein
trockener Martini
1 Vanilleschote
Salz und Pfeffer aus der Mühle

Rehrücken mit Kartoffel-Apfel-Walnuss-Strudel.

Strudelteig auftauen lassen. Kartoffeln und Apfel schälen, in grobe Stücke schneiden und in etwas Wasser 10 Min. garen. Abgießen und im Topf etwas abdämpfen lassen. Walnüsse unter dem Grill oder in der Pfanne ohne Fett leicht anrösten. Nicht zu grob hacken. Schalotten pellen und würfeln. In dem Pflanzenöl glasig dünsten. Kartoffeln und Apfel in eine Schüssel geben. Mit dem Olivenöl grob zerstampfen. Die Schalotten, Walnüsse und den Thymian unterheben. Mit Salz, Pfeffer und Muskat würzen.

Strudel- oder Filoteig nach Anweisung auslegen und mit der flüssigen Butter bestreichen. Im oberen Teil die Füllung verteilen, die Seiten einschlagen und den Strudel aufrollen. Wieder mit flüssiger Butter bestreichen. Backblech mit Backpapier auslegen, Strudel vorsichtig draufsetzen. Ofen auf 200° vorheizen.

Rehrücken säubern, Fleisch an beiden Seiten direkt am Knochen einschneiden. Die zerdrückten Wacholderbeeren und die Butter in die Einschnitte geben. Pflanzenöl in einem ovalen Bräter erhitzen, den Rehrücken ringsum anbraten. Wildfond zugeben und im geschlossenen Topf 30 Min. leicht köcheln lassen. Gleichzeitig den Kartoffelstrudel in den Ofen stellen. Das Fleisch immer wieder wenden. Evtl. etwas Fond nachgießen. Nach 30 Min. das Fleisch aus dem Bräter nehmen und fest in Alufolie einwickeln.

Bratfond entfetten. Rotwein mit Printe, Preiselbeerkompott, Sahne und Crème fraîche zugeben, mit dem Mixstab durchmixen, mit Salz und Pfeffer abschmecken.

Ist der Strudel goldbraun, Temperatur abschalten.

Rehrücken vom Knochen lösen und schräg in dicke Scheiben schneiden. Strudel ebenfalls in 6 schräge Scheiben schneiden. Auf Tellern mit der Soße anrichten und servieren.

Zutaten:

Strudel

1 Päckchen TK-Strudelteig oder
2 Lagen Filoteig
1/4 Päckchen Butter
4 faustgroße, festkochende Kartoffeln
1 Boskop-Apfel
100 g Walnusskerne
2 Schalotten
1 Tl gehackte Thymianblättchen
1 El Pflanzenöl
5 El Olivenöl
Salz und Pfeffer aus der Mühle
1 Msp. Muskat

Rehrücken

1 Rehrücken ca. 1,8 kg
2 El zerdrückte Wacholderbeeren
2 El Butter
1 Glas Wildfond
(400 ml Fertigprodukt)
1/2 Glas Waldpilzfond
4 El Pflanzenöl zum Anbraten.

Soße

1 Aachener Kräuterprinte in einem
Glas Rotwein eingelegt
3 El Preiselbeerkompott
3 El Crème fraîche
1/2 Becher süße Sahne
Salz und Pfeffer aus der Mühle
evtl. 3 El Soßenbinder

Mousse au chocolat.

Schlagsahne steif schlagen und kalt stellen. Ei und Eigelb im Wasserbad schaumig rühren, anschließend im Eiswasser kalt schlagen. Wasserbad anschließend verwenden, um die Schokolade zu schmelzen.

Flüssige Schokolade und Crème de Cacao in die Eimasse einrühren. Die geschlagene Sahne gleichmäßig unterheben. Über Nacht kalt stellen.

Vanillesahne.

Vanilleschote der Länge nach aufschlitzen und das Mark mit dem Messerrücken herausdrücken. Sahne mittelsteif schlagen, Zucker und Vanillemark zugeben. Ganz steif schlagen.

Mousse au Chocolat mit der Sahne und frischen kleinen Früchten nach Wahl servieren.

Zutaten:

Mousse au chocolat
1 Ei
1 Eigelb
125 g Bitter-Schokolade
50 g Vollmilch-Schokolade
2 Schnapsgläser
Crème de Cacao
250 g Schlagsahne

Vanillesahne
1/2 Becher süße Sahne
1 Tl Zucker
1 Vanilleschote

Anmerkung:
Dieses Rezept gelingt nicht bei warmem, schwülem Wetter. Die Zutaten verbinden sich nicht und bleiben flüssig.

zum besoffenen Ferkel

Menü des Tages für 4 Personen:

Geräucherter Saibling
auf Rote Beete
mit Schnittlauchsoße.

Schweinefiletmedaillions
mit Pflaumensoße
und Kartoffelgratin.

Grießpudding
mit Kirschkompott.

Geräucherter Saibling auf Roter Beete mit Schnittlauchsoße.

Crème fraîche und saure Sahne mit dem Schneebesen gut verrühren, den feingehackten Schnittlauch dazugeben, mit Salz und Pfeffer abschmecken.

Die Rote Beete-Knollen auf dem Kartoffelhobel in dünne Scheiben hobeln. (Gummihandschuhe überziehen, sonst verfärben sich die Finger.)

Walnusskerne unter dem Grill oder in einer Pfanne ohne Fett leicht anrösten.

Sailingsfilets in der Mitte der Teller platzieren, rundherum die Rote Beetescheiben legen. Schnittlauchsoße darüberträufeln, mit den gehackten Walnüssen bestreuen.

Zutaten:

4 kaltgeräucherte Saiblingsfilets
4 gegarte Rote Beete-Knollen (Fertigprodukt)
1 Becher Crème fraîche
1 Becher saure Sahne
1 Bund Schnittlauch
Pfeffer und Salz

Schweinefiletmedaillons mit Pflaumensoße und Kartoffelgratin.

Zuerst die Soße: Die vorbereiteten Pflaumen mit der Zimtstange, den Nelken und dem Wasser aufkochen und auf kleiner Flamme 20 Min. köcheln lassen. Mit dem Honig, dem Balsamessig, Pfeffer und Salz herzhaft abschmecken. Evtl. mit etwas Soßenbinder andicken. Warm stellen.

Kartoffeln schälen und in dünne Scheiben raffeln. In einer nicht zu kleinen Auflaufform verteilen, pfeffern, salzen und mit der Sahne begießen. Wenn die Kartoffeln nicht ganz bedeckt sind, etwas Gemüsebrühe dazugeben. Im auf 220° aufgeheizten Backofen 30 Min. backen. (Eigene Herderfahrungswerte zugrunde legen).

Schweinefiletmedaillons mit je einer Scheibe Panchetta umwickeln und mit einem Zahnstocher feststecken. Mit etwas Zimt und Pfeffer würzen. 4 El Öl in einer großen Pfanne erhitzen. Die Medaillons von jeder Seite 4–5 Min. braten. In Alufolie eingewickelt etwas ruhen lassen.

Medaillons in die Mitte des Tellers setzen, etwas Pflaumensoße rundherum geben und zu jeder Seite einen El Gratin platzieren.

Grießpudding mit Kirschkompott.

Gelatine in kaltem Wasser einweichen. Milch mit Vanillemark, Zucker und Vanillinzucker zum Kochen bringen. Grieß einstreuen und unter ständigem Rühren bei milder Hitze 3–4 Min. ausquellen lassen.

Eiweiß mit der Prise Salz sehr steif schlagen, unter den Grieß ziehen und unter Rühren aufkochen lassen. Den Topf von der Herdplatte ziehen, Eigelb und die tropfnasse Gelatine unterrühren. In eine möglichst flache Schüssel füllen und mindestens 2 Stunden erkalten lassen.

Die Kirschen mit Zucker, Zimt und Kirschkonfitüre kurz aufkochen und abkühlen lassen.

Von der Grießmousse Nocken abstechen, auf Tellern anrichten, mit der Kirschsoße umgeben und mit den zerbröselten Amarettis bestreuen.

Zutaten:

Schweinefiletmedaillons mit Pflaumensoße und Kartoffelgratin

4 Schweinfiletmedaillons à 125 g
4 Scheiben Panchetta
4 Zahnstocher, Öl zum Braten
Pfeffer und Salz
250 g Zwetschgen entkernt
1 Zimtstange
2 Nelken, 1 El Honig
2 El Balsamessig
1 Tasse Wasser, Pfeffer und Salz
etwas dunkler Soßenbinder
5 damenfaustgrosse Kartoffeln
1 Becher süße Sahne
Pfeffer und Salz
evtl. 1 Tasse Gemüsebrühe (Fertigprodukt)

Grießpudding mit Kirschkompott

4 Blatt weiße Gelatine
1 l Milch
Mark von 2 Vanilleschoten
1 Pk Vanillinzucker
150 g Hartweizengrieß
2 Eier getrennt, 4 El Zucker
1 El abgeriebene Zitronenschale
1/4 l Schlagsahne
1 Prise Salz
500 g Sauerkirschen entkernt (am einfachsten TK)
4 El Zucker, 2 El Kirschkonfitüre
1 Prise Zimt
100 g zerbröselte Amarettis

Menü des Tages für 4 Personen:

Kleine Pilztörtchen mit Senfsoße.

Schweinemedaillons mit Ananas und Parmesan überbacken, dazu Marsalakartoffeln.

Zimtbirnen mit Eis und Mandelplätzchen.

Kleine Pilztörtchen mit Senfsoße.

Förmchen ausfetten, den aufgetauten Blätterteig einlegen und überstehende Ränder abschneiden.

Backofen auf 200° vorheizen.

Das Öl in einem Topf erhitzen, die Schalotte und den Speck anschmoren. Die Champignons und den Thymian dazugeben, auf mittlerer Flamme weiterschmoren, bis die Flüssigkeit verdampft ist. Mit Pfeffer und wenig Salz abschmecken. Das Eiweiß dazugeben und mit dem Mixstab fein pürieren. In die Förmchen füllen und für 20 Min. in den Ofen. Teig und Füllung sollten goldbraun sein.

Sahne und die beiden Senfsorten in einem kleinen Topf erhitzen, mit Pfeffer und Salz und einem kleinen Schuss trockenen Martini abschmecken. Evtl. mit dem Soßenbinder etwas andicken. Törtchen mit der Soße auf Tellern anrichten und alles mit feingehackter Petersilie bestreuen.

Zutaten:

4 Lagen TK-Blätterteig
4 Förmchen Ø ca. 8 cm
Butter zum Ausfetten
300 g braune Champignons, gesäubert und feingehackt
1 Schalotte feingehackt
1 Scheibe durchwachsener Speck (1 cm dick) feingehackt, 1 Tl Öl
1 Tl feingehackter Thymian
1 Eiweiß leicht verschlagen
Pfeffer, ganz wenig Salz

1/2 Becher süße Sahne
2 El süßer körniger Senf
1 El Dijonsenf
etwas Pfeffer und Salz
4 El feingehackte Petersilie
2 El trockener Martini
evtl. etwas heller Soßenbinder

Schweinemedaillons mit Ananas und Parmesan überbacken, dazu Marsalakartoffeln.

Die von Fett und Häuten befreiten Medaillons in eine leicht gefettete Auflaufform setzen. Die Schale von den Ananasscheiben entfernen, ebenso den harten Strunk in der Mitte. Die Scheiben halbieren. Auf jedes Medaillon eine halbe Scheibe legen. Den Rest sehr fein schneiden und in der Form verteilen. Alles pfeffern, salzen und mit der Sahne begießen. Den Parmesan auf den Medaillons verteilen. Für 25 Min. in den Ofen schieben. Medaillons aus der Form nehmen und im abgeschalteten Ofen warm halten. Die Soße aus der Form in einen Topf geben und mit dem Mixstab durchpürieren. Evtl. noch etwas Sahne zugeben, aufkochen und mit Salz und Pfeffer abschmecken

Kartoffeln waschen und 10 Min. als Pellkartoffeln garen. Wenn sie etwas abgekühlt sind, pellen. Öl und Butter in einer großen Pfanne erhitzen und die Kartoffeln darin goldbraun anbraten. Den Marsala zugeben und bei kleiner Hitze langsam verkochen lassen. Salzen und pfeffern, die Petersilie drüberstreuen.

Während die Medaillons im Ofen garen, die Kartoffeln zubereiten.

Zutaten:

4 Scheiben frische Ananas,
ca. 15 mm dick
4 Schweinefiletmedaillons à 125 g
1 Becher süße Sahne
6 El frischgeriebener Parmesan
Pfeffer und Salz

750 g kleine festkochende Kartoffeln
1/8 l trockener Marsala
4 El Olivenöl
1 El Butter
Pfeffer und Salz
4 El feingehackte Petersilie

Zimtbirnen mit Eis und Mandelplätzchen.

Die Birnen schälen, halbieren, das Kerngehäuse herausschneiden. Wein, Zucker, Zimtstange und das Vanillemark aufkochen, Birnen hineingeben, und ca. 3 – 5 Min. köcheln lassen. Die Birnen sollten nicht zu weich sein. Im Sud erkalten lassen.

Für die Mandelplätzchen den Ofen auf 200° Grad vorheizen. Die Butter schmelzen. Mandelblätter und Orangeat fein hacken. Zucker, Mehl, Mandeln und Orangeat mischen. Die Butter, Zitronensaft und Schale dazugeben. Alles gut verkneten. Walnussgroße Teighäufchen mit großem Abstand auf ein mit Backpapier ausgelegtes Backblech verteilen. Ca. 6 Min. backen, bis die Ränder braun sind. Auskühlen lassen. Vorgang wiederholen, bis der Teig aufgebraucht ist.

Birnen und Zimtstange aus dem Sud entfernen. Sud auf großer Flamme etwas einkochen.

Birnen, Eis, Soße und Mandelplätzchen in tiefen Tellern anrichten.

Am Tag vorher: Birnen kochen, Sud reduzieren, Mandelplätzchen backen.

Zutaten:

4 kleine feste Birnen
1/4 l Weißwein
1 Zimtstange
2 El Zucker
Mark einer
Vanilleschote

400 g Zucker
10 g Mehl
100 g Mandelblätter
50 g Orangeat
100 g Butter
abgeriebene Zitronenschale
von einer Zitrone
Saft nur von der halben

Vanilleeis (Fertigprodukt)

Menü des Tages
für 4 Personen:

Indische Kartoffelküchlein
mit Riesengarnele.

Schweinefilet „Garam Masala"
mit Blumenkohl-Linsengemüse.

Lindys Cheesecake.

Indische Kartoffelküchlein mit Riesengarnele.

Kartoffelmus mit Chilischoten, Salz, Zwiebeln und Petersilie mischen. Masse zu kleinen Bällchen formen und flachdrücken. Öl in einer Pfanne erhitzen und die Kartoffelplätzchen portionsweise von beiden Seiten goldbraun braten. Warm stellen.

Saure Sahne glattrühren. Schnittlauch fein schneiden und zur sauren Sahne geben. Mit dem Senfpulver, Salz und Pfeffer abschmecken. Garnelen in Öl anbraten und auf kleiner Flamme garziehen lassen. Kartoffelplätzchen, Garnelen und saure Sahne auf Tellern anrichten.

Zutaten:

450 g Kartoffeln, geschält, gekocht
und gestampft
2 grüne Chilischoten fein gehackt
1/2 Tl Salz
1 El Blattpetersilie fein gehackt
2 Zwiebeln ebenso fein gehackt
Pflanzenöl zum Braten

4 Riesengarnelen, entdarmt,
oder 8 mittlere

1 Becher saure Sahne
1 Bund Schnittlauch
1/2 Tl Senfpulver
Pfeffer und Salz

Schweinefilet „Garam Masala“ mit Blumenkohl-Linsengemüse.

Schweinefilet von Häuten und Sehnen befreien, an 4 Stellen einschneiden. Die übrigen Zutaten mit dem Mixstab zu einer Paste verarbeiten. Gewürzpaste auf das Fleisch streichen, dabei kräftig einreiben. Das Filet in Frischhaltefolie wickeln, fest verschließen und über Nacht durchziehen lassen.

Filet auswickeln, in eine Auflaufform legen und im aufgeheizten Backofengrill von jeder Seite 4–5 Min. grillen. Backofen auf 220° einstellen. Wasser angießen und die Gemüsebrühe dazugeben. 20 Min. backen.

Filet aus der Form nehmen, fest in Alufolie wickeln und zur Seite stellen. Den Fond in ein hohes Gefäß gießen, saure Sahne dazugeben und mit dem Mixstab durchmixen. Soße mit Salz und Pfeffer abschmecken.

Linsen nach Anweisung garen. (Die kleine grüne Sorte muss nicht über Nacht eingeweicht werden.)

Blumenkohl in kleine Röschen teilen, in kaltem Wasser aufsetzen, nach dem Aufkochen 3–4 Min. knackig garen. Abgießen. Lauchzwiebeln in feine Röllchen schneiden. Butter in einer großen Pfanne aufschäumen, Kurkuma einrühren, Blumenkohl und Lauchzwiebeln dazugeben. Etwas anbräunen, die Linsen unterrühren, mit Pfeffer und Salz abschmecken.

Filet auspacken und in Scheiben schneiden. Ausgetretenen Saft zur Soße geben. Mit dem Gemüse auf Tellern anrichten.

Zutaten:

1 großes Schweinefilet
2 Zwiebeln fein gehackt
1 walnussgroßes Stück Ingwer gerieben
3 Knoblauchzehen gepresst
1 grüne Chilischote
1/4 Tl Chilipulver
2 El Joghurt
1/2 Tl Garam Masala (indische Gewürzmischung)
1 Prise Muskat (wenn es geht frisch gemahlen)
2 Tl Zitronensaft
2 El glatte Petersilie gehackt
1/2 Tl Salz
1 Tl Gemüsebrühe (Fertigprodukt)
1 Becher saure Sahne
1/4 l Wasser

Blumenkohl-Linsengemüse

1 kleiner Blumenkohl
1 Tasse dunkelgrüne Linsen
4 Lauchzwiebeln
1/2 Tl Kurkuma
2 El Butter
Pfeffer und Salz

Lindys Cheesecake.
(Angaben für eine Springform Ø 24 cm)

1. Zubereitung des Teiges: Zutaten mit den Händen zu einem Teig kneten. Dabei Vanilleextrakt zunächst mit dem Eigelb verquirlen und diese Flüssigkeit dann mit den anderen Zutaten mischen.

Teig im Kühlschrank 1 Std. ruhen lassen. Nach 3/4 Std. Backofen auf 200° vorheizen. Teig nach der Ruhezeit dünn auf den Boden der gefetteten Springform ausbreiten, dabei muss noch genügend Teig für den Rand der Springform übrigbleiben. Anschließend Boden im Backofen 10–15 Min. goldgelb backen. Dann Boden herausnehmen und abkühlen lassen.

2. Zubereitung der Füllung: Quark im Küchentuch auspressen, damit er möglichst trocken wird. Quark, Zucker, Mehl, Vanilleextrakt, Apfelsinen- und Zitronenschale in Schüssel geben und mit elektr. Handrührgerät durchrühren. Vanilleschote mit Messerrücken auf Brett ausdrücken, Mark in die Mischung geben. Dann 5 Eier, 2 Eigelb und 6 El flüssige Sahne nacheinander hineinrühren.

3. Backen: Backofen auf 250° vorheizen. Rand der Springform fetten, wieder mit dem Boden zusammensetzen und Rand mit dem restlichen Teig belegen. Quarkmischung einfüllen.

Bei 250° 10 Min. backen, dann Temperatur auf 100° herunterschalten und Torte noch 1 Std. lang backen.

Käsekuchen aus dem Ofen nehmen, auf einem Kuchengitter auskühlen lassen. Den Rand der Springform erst nach 2 Stunden abnehmen.

Vorzugsweise mit Crème fraîche servieren.

Zutaten:

2 1/4 Pfd. Sahnequark
300 g Zucker (besser: Puderzucker)
250 g Mehl
150 g Butter
8 Eier
1 ungespritzte Zitrone
2 ungespritzte Apfelsinen,
ersatzweise getrocknete Schalen
6 El süße Sahne
1 Vanilleschote
Vanilleextrakt flüssig

1. Zubereitung des Teiges

200 g Mehl
150 g Butter
50 g Zucker
1 Eigelb
1 Tl Zitronenschale
1/4 Tl Vanilleextrakt

2. Zubereitung der Füllung

2 1/4 Pfd. Sahnequark
250 g Zucker
6 El flüssige Sahne
3 El Mehl
5 Eier
2 Eigelb
1/4 Tl Vanilleextrakt
1 Vanilleschote
1 1/2 Tl geriebene Zitronenschale
1 1/2 Tl geriebene Apfelsinenschale

Menü des Tages für 4 Personen:

Matjesfilets in Limejuice-Vinaigrette.

Glaciertes Schweinefilet mit Mango und Maisplätzchen.

Ananasstrudel mit Zimtsahne.

Matjesfilets in Limejuice-Vinaigrette.

Pfefferkörner in einem Mörser grob zerstoßen, Schalotte fein hacken und mit dem Limejuice verrühren. Matjesfilets waschen und trockentupfen.

Ruccola waschen und in feine Steifen schneiden. Die Brotscheiben großzügig mit Butter bestreichen. Auf vier großen, flachen Tellern Ruccola und Matjes platzieren. Die Vinaigrette darüber geben. Das Brot auf den Rand des Tellers legen.

Glaciertes Schweinefilet mit Mango und Maisplätzchen.

Ofen auf 200° vorheizen. Schweinefilet in der Pfanne mit etwas Öl von allen Seiten kurz anbraten. In eine Auflaufform setzen und etwas Wasser angießen. Das Filet mit dem Honig bestreichen, mit dem Nelkenpulver und dem Puderzucker bestäuben. In den Backofen schieben und 20–25 Min. backen.

Zutaten:

Matjesfilets in Limejuice-Vinaigrette

4 doppelte Matjesfilets
1 Handvoll Ruccola
11/2 Weinglas Limejuice
2 El luftgetrocknete grüne Pfefferkörner
1 mittelgroße Schalotte
4 kleine Scheiben saftiges Vollkornbrot
gesalzene Butter

Glaciertes Schweinefilet mit Mango und Maisplätzchen

1 Schweinefilet
1/2 Tl Nelkenpulver
1 Tl Honig
1 El Puderzucker
Pflanzenöl zum Braten
1 Mango

Für die Soße den Madeira und den Kalbsfond aufkochen und etwas einkochen lassen. Die eiskalte Butter unterrühren, mit Salz und Pfeffer abschmecken, evtl. etwas dunklen Soßenbinder verwenden.

Die Hälfte der Maiskörner mit der Sahne, dem Mehl, Pfeffer, Salz, Muskat und den Eiern in einen Mixer geben und gut durchpürieren.

Die andere Hälfte der Maiskörner in der Butter kurz anbraten und in die Maismasse geben.

Pflanzenöl in einer Pfanne erhitzen und kleine Maisplätzchen ausbacken. Mango schälen, in Streifen schneiden und in Butter anbraten.

Filet in Scheiben schneiden, auf Tellern mit den Mangostreifen und den Maisplätzchen anrichten. Über das Fleisch etwas Soße geben.

Ananasstrudel mit Zimtsahne.

Backofen auf 200° vorheizen. Ananasscheiben von Schale und Strunk befreien. In kleine Stückchen schneiden und mit dem braunen Zucker einmal aufkochen lassen. Mit den eingeweichten Sultaninen und den gerösteten Pinienkernen mischen. Strudelteig nach Anweisung vorbereiten. Backblech mit Backpapier auslegen. Ananasgemisch im oberen Viertel des Strudelteigs platzieren, die Seiten einschlagen und aufrollen. Den Strudel auf das Backblech setzen und in ca. 20 Min. goldbraun backen. Strudel aus dem Ofen nehmen. Jetzt die Sahne fast steif schlagen, Zucker und Zimt dazugeben und weiter schlagen, bis die Sahne fest ist. Strudel am besten mit einem Elektromesser in Stücke schneiden und auf großen flachen Tellern mit der Zimtsahne servieren.

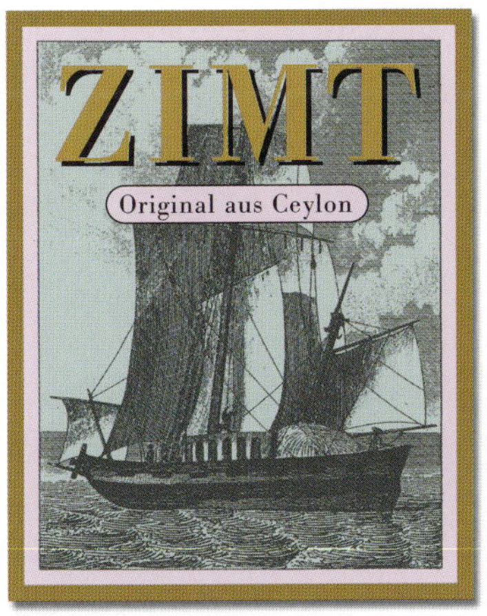

Zutaten:

Soße

1 kleines Weinglas Madeira
150 ml Kalbsfond
1 El Balsamessig
2 El eiskalte Butter
Pfeffer und Salz

Maisplätzchen

400 g Maiskörner (Dose)
1 Tl Butter
Pflanzenöl zum Braten
1 Becher süße Sahne
1 El Mehl
2 Eigelb
1 Ei
Pfeffer und Salz
1 Msp. Muskat

Ananasstrudel mit Zimtsahne

1 Packung Strudelteig (Fertigprodukt)
Butter zur Bearbeitung
4 dicke Scheiben frische Ananas
1 Handvoll Sultaninen in 2 El Rum eingeweicht
100 g Pinienkerne in der Pfanne ohne Öl geröstet
1 El brauner Zucker
200 g süße Sahne
1 Tl Zucker
1 Tl Zimt

Kartoffel-Suppe.

Ziemlich viel Butter lässt man in einem Kessel mit 3–4 in Scheiben geschnittenen Zwiebeln leicht anbräunen. Dann gibt man Porree und Sellerie, das ebenfalls geschnitten wird, hinein und lässt dies auch etwas anbräunen. Jetzt nimmt man einen Löffel Mehl und verrührt dies unter das Ganze, füllt dieses mit Kraftbrühe auf, aber nur bis zur Hälfte des Quantums der Suppe, die man haben will. Nun werden Kartoffel in Würfel geschnitten und auch in den Kessel getan. Nachdem die Kartoffeln schön weich gekocht sind, passiert man das Ganze durch und füllt so viel Kraftbrühe dazu, wie man Suppe haben will, schmeckt sie mit Salz und Pfeffer ab und gibt noch Muskat und reichlich gehackte Petersilie hinein. Die Suppe kann auch noch mit Sahne verfeinert werden.

Seezungenfilets à la Bismarck.

Die Seezungenfilets werden in Butter, Weißwein und Salz kurz gedünstet. Sauce: Butter wird mit Mehl angeschwitzt und mit der Brühe vom Fisch aufgefüllt. Man gibt noch Sahne und Weißwein dazu. Mit Salz und Pfeffer abschmecken. Jetzt werden die Filets auf die Schüssel gelegt, mit der Sauce übergossen und mit in Butter angeschmorten, blättrig geschnittenen Champignonköpfen und ein paar mitgeschmorten Crevetten garniert.

Mein Kochbuch

Gulasch auf feinere Art.

Schweinefilet, Ochsenfilet und Kalbfleisch wird in große Würfel geschnitten. Je nach der Portion gibt man in einen Eisenkessel ein Stück Butter mit fein geschnittenen Zwiebeln (ziemlich viel), gibt das präparierte Fleisch und Tomatenpüree hinein, lässt das schön braun anbraten, streut der Portion entsprechend Mehl darüber, welches ebenfalls gut braten muss. Dann füllt man die Masse mit Boullion auf, gibt Pfeffer und Salz nach Geschmack hinzu und lässt es auf kleiner Flamme gar schmoren, doch nicht zu weich. Vor dem Anrichten gibt man in kleine Würfel geschnittene Gurken hinein, schmeckt das Ragout noch einmal ab. Es muss schön pikant schmecken. Kleine runde Kartöffelchen werden braun gebraten und um den Gulasch garniert. Ein grüner Salat dazu ist gut.

Tournedos auf Jägerart.

Kleine Filetsteaks werden in heißer Butter recht schön braun auf beiden Seiten angebraten, aber nicht ganz durch braten lassen. Fein gehackte Zwiebel und Champignons werden mit etwas Butter angeschwitzt und mit einem Glas Weißwein abgelöscht. Nachdem dieses zur Hälfte eingekocht ist, gibt man einige Löffel Madeira hinzu, einen Löffel Tomatenpüree und zuletzt fein gehackte Petersilie und schmeckt die Sauce mit etwas Fleischbrühe ab. Die Tournedos werden auf einer Platte, auf welcher in der Mitte Pommes Frites angerichtet sind, mit etwas Sauce übergossen. Mit einem gebratenen Champignonkopf darauf garnieren und noch mit gehackter Petersilie bestreuen.

Hasenrücken.

Der Braten wird schön gespickt einen Tag in ein Essigtuch eingedreht und dann in heißem Öl, Butter, etwas Zwiebel und Speckwürfeln auf beiden Seiten schön braun angebraten. Man zerstößt ein paar Wacholderbeeren und gibt sie dazu. Jetzt gibt man viel Rahm an den Braten, lässt diesen mit anschmoren und schiebt den Hasen in den Backofen, begießt ihn von Zeit zu Zeit. Wenn nun der Braten gut ist, nimmt man alles Fett von der Sauce, gibt einige Löffel Mehl und noch etwas Rahm daran und füllt dies vielleicht mit etwas Boullion auf. Man gibt grüne Bohnen und kleine Bratkartöffelchen zu dem Hasenrücken.

Kleine Anmerkung zum alten Kochbuch: Von diesen Rezepten werden mehr als 4 Personen satt.

Püfferchen.

Man rührt 4 Eier schaumig und gibt 1/4 l Milch dazu. 500 g Mehl und 1 Packung Backpulver werden gemischt und in die Masse gerührt, bis ein schöner glatter Teig entsteht. Zuletzt kommen die Rosinen dazu.

Diesen Teig in kleinen Portionen (Püfferchen) in heißer Butter oder einem anderen Backfett in der Pfanne hellgelb backen. Pflaumenkompott schmeckt gut dazu.

Tutti Frutti.

1/2 l Milch, Zucker und Vanillemark lässt man gut durchkochen, dann gibt man in eine Schüssel 4 Eigelb mit etwas Kartoffelmehl, rührt dies gut glatt und gießt unter stetem Rühren die kochende Milch dazu. Die Creme muss ziemlich dick sein. Dann nimmt man eine ziemlich tiefe Glasschüssel und legt verschiedene Früchte und Makronen, welche vorher in Fruchtsaft gelegen haben, hinein. Dann schüttet man die Creme darüber. Mit geschlagener Sahne garniert, ist es sehr fein.

Kochlust
Lieblingsrezepte für Gäste von Susanne S.
Mengenangaben für 4 Personen.

Dattelmäuse.

Mandeln unter dem Grill oder in der Pfanne ohne Fett goldbraun anrösten. Noch warm mit 1 Tl Salz mischen. 1 Backblech mit Backpapier auslegen, Backofen auf 220° vorheizen. Datteln bzw. Pflaumen entkernen. Die Früchte je nach Größe mit 1 oder 2 Mandeln füllen, jeweils in eine Scheibe Bacon rollen und im Ofen goldbraun, knusprig backen. Mit Kuchengabeln warm servieren. Restliche Mandeln zum Aperitif reichen.

Blätterteig-Mettröllchen.

Blätterteig zum Auftauen auslegen. Backblech mit Backpapier auslegen, Backofen auf 200° vorheizen.

Chilischote aufschneiden, entkernen, und ebenso wie die Schalotte fein hacken. Mit dem Mett mischen, salzen und vorsichtig pfeffern. Blätterteig auf einer leicht gemehlten Fläche mit den Händen etwas in alle Richtungen auseinanderziehen.

An den Längsseiten etwa 1 cm überlappend nebeneinander legen. Nahtstellen andrücken und die entstandene Platte längs in zwei gleiche Teile schneiden. Jeweils 1 cm vom unteren Rand der Längsseite des Teigstückes das Mett verteilen und zu einer dünnen Rolle aufrollen.

Die Rollen mit einem scharfen Messer in daumendicke Stücke schneiden und auf das vorbereitete Backblech setzen. In ca. 20 Min. goldbraun backen.

Lauwarm servieren. Am schönsten aufgeschichtet auf 2 Desserttellern. Und als Krönung zum Dippen eine Paprikasoße dazu.

Paprikasoße.

Die Zwiebel im Olivenöl glasig dünsten. Paprika, Knoblauch und Tomatenmark dazugeben. Etwas anschmoren. Zucker, Rosenpaprika, Tabasco einrühren und im geschlossenen Topf, bei niedriger Temperatur 10 Min. garen. Mit dem Mixstab pürieren. Mit Salz und Pfeffer abschmecken. Kalt zu den lauwarmen Röllchen servieren. Oder vorab einfach zu Brot.

Zutaten:

Dattelmäuse

Pro Person 2 oder 3 frische,
leicht angetrocknete Datteln
(dicke, getrocknete Aprikosen oder saftige Kurpflaumen gehen auch).
100 g blanchierte Mandeln
(fertig gekauft)
pro Maus eine Scheibe Bacon

Blätterteig-Mettröllchen

3 Platten TK-Blätterteig
150 g Mett
1 kleine Schalotte
1 milde rote Chilischote
1/2 Tl Rosenpaprika edelsüß
Salz und Pfeffer

Paprikasoße

1 gehackte Zwiebel
2 gewürfelte rote Paprikaschoten
2 gehackte Knoblauchzehen
1 El Tomatenmark
1 Tl Zucker
1 Tl Rosenpaprika edelsüß
ein paar Spritzer Tabasco
3 El Olivenöl
Pfeffer und Salz

Entenröllchen auf Möhrensalat.

Sesamsaat unter dem Grill oder in der Pfanne ohne Fett goldbraun rösten. Die Haut und Fettreste von der Entenbrust entfernen. In dünne Scheiben schneiden und in etwas heißem Pflanzenöl kurz anbraten. Mit Honig, Balsamico und Sherry ablöschen. Fleisch herausheben, salzen und pfeffern, Bratenfond in ein Schälchen abgießen und zur Seite stellen.

Frühlingszwiebeln putzen und in etwa 5cm lange dünne Streifen schneiden. Dabei auch etwas von dem Grün benutzen.

Filoteig auslegen, lagenweise mit der Butter bearbeiten. 4 Quadrate von ca. 13 cm Kantenlänge ausschneiden.

In der Mitte Ente und Frühlingszwiebeln platzieren, die Seiten einschlagen und zusammenrollen. Auf das vorbereitete Backblech setzen. Ca. 25 Min. backen.

Während der Backzeit die geschälten Möhren raspeln. Aus dem Olivenöl, Zitronensaft, Honig, Pfeffer und Salz eine Vinaigrette rühren. Mit den Möhrenraspeln mischen. Abschmecken. Vielleicht noch ein wenig Pfeffer? Den Bratenfond mit Pfeffer und Salz abschmecken.

Röllchen aus dem Ofen nehmen. Auf jedem Teller in die Mitte ein Häufchen Möhrensalat geben, darauf das Entenröllchen setzen und mit dem gerösteten Sesam bestreuen. Rundherum ein paar Bratenfond-Tropfen verteilen.

Zutaten:

1 Packung Filoteig
125 g flüssige Butter
1/2 Entenbrust
1 Bund Frühlingszwiebeln
1 El Honig
1 El Balsamico
1 El Sherry
Pfeffer und Salz
3 normal dicke Möhren
1 El Olivenöl
1 El Zitronensaft
1 El Honig
2 El geschälte Sesamsaat
Pfeffer und Salz

Räucherlachsröschen mit Apfelchutney.

Äpfel schälen, entkernen und in kleine Würfel schneiden. Butter in einer beschichteten Pfanne erhitzen. Apfelwürfel, Zucker und Curry 5 Min. unter Rühren schmoren. Mangochutney dazugeben und mit dem Zitronensaft, Cayennepfeffer und wenig Salz süß-sauer-scharf abschmecken. Abkühlen lassen.

Auf jedem Teller aus einer Scheibe Räucherlachs eine Rose drehen und jeweils einen El Apfelchutney dazugeben.

Marinierter Hähnchenbrustspieß auf Mango.

Hähnchenbrust würfeln und gleichmäßig auf die Holzspieße verteilen. Aus den restlichen Zutaten eine Soße rühren, Hähnchenspieße in eine flache Schüssel geben und mit der Soße überziehen. 3 Stunden zur Seite stellen.

Spieße aus der Marinade nehmen. Öl in einer beschichteten Pfanne erhitzen und die Hähnchenspieße von jeder Seite 3 Min. anbraten. Restliche Marinade hinzufügen, und die Spieße bei abgeschalteter Hitze 3 Min. ziehen lassen. Aus der Pfanne nehmen, Soße auffangen, in Alufolie einschlagen und zur Seite stellen.

Mango schälen und 4 schöne Scheiben abschneiden. Rest anderweitig verwenden. Öl in der Pfanne erhitzen und die Scheiben leicht braun braten.

Auf jedem Teller eine Mangoscheibe in der Mitte platzieren, einen Hähnchenspieß draufsetzen und mit der Soße beträufeln.

Zutaten:

Räucherlachsröschen mit Apfelchutney

4 große Scheiben Räucherlachs
2 feste Äpfel
1 gehäufter Tl mildes Curry
1 El Zitronensaft
1 El Mangochutney (Fertigprodukt)
1 Tl brauner Zucker
2 Tl Butter
Cayennepfeffer und Salz

Marinierter Hähnchenbrustspieß auf Mango

1 komplette Hähnchenbrust von Sehnen und Fett befreit
4 Holzspießchen
4 Tl Pflaumenmus
2 Tl Cognac
1 Tl Balsamico
1 Msp. Zimt
ein paar Spritzer Tabasco
Salz und Pfeffer
2 El Pflanzenöl

1 reife Mango
1 El Pflanzenöl

Gemüsestrudel mit Safransoße.

Die Füllung: Kohlrabi, Möhren und Zucchini grob raspeln. Die Schalotte in der Butter kurz anschmoren. Das Gemüse dazugeben und auf kleiner Flamme 4 Min. schmoren. Die getrockneten Tomaten und die Crème fraîche dazugeben. Mit Pfeffer und Salz abschmecken.

Den gewünschten Teig nach Anweisung vorbereiten und zurechtstellen. Den Backofen auf 220° vorheizen. Backblech mit Backpapier auslegen.

Ausgekühlte Gemüsemasse im oberen Drittel auf den ausgelegten Teig geben und zu einem Strudel formen. Im vorgeheizten Ofen 25–30 Min. goldbraun backen.

Jetzt zur Soße: Die Gemüse klein schneiden und mit den Safranfäden in der Butter anschmoren. Mit dem Alkohol ablöschen. Etwas einkochen lassen. Sahne und Gemüsebrühe dazugeben und alles 10 Min. leise köcheln lassen. Dann mit dem Mixstab fein pürieren. Mit Salz, Pfeffer und Zitronensaft abschmecken. Falls die Soße zu dick ist, kann man sie mit Gemüsebrühe wieder etwas verdünnen.

Den Strudel mit der Soße auf Tellern anrichten und warm servieren.

Zutaten:

Füllung

1 Kohlrabi geschält
3 mitteldicke Möhren geschält
2 Zucchini
1 Schalotte fein gehackt
3 getrocknete Tomaten klein geschnitten
3 El Crème fraîche
Pfeffer und Salz

Soße

1 kleines Stück Knollensellerie
1 Stück Lauch
1 Möhre
1 Schalotte
1 El Butter
1/2 Tl Safranfäden
3 Tl Weißwein
3 Tl trockener Martini
1 Tasse Gemüsefond
1 Becher süße Sahne
Zitronensaft

Hülle

Filoteig oder
TK-Blätterteig

Forellenmousse.

Forellenfilet mit dem Frischkäse fein pürieren. Mit Salz, Pfeffer und Orangensaft abschmecken. Die geschlagene Sahne und den gehackten Pfeffer unterziehen.

Auf je einer Orangenscheibe anrichten, mit einem Dillzweig garnieren und eine kleine Scheibe Walnussbrot dazulegen.

Zutaten:

200 g geräuchertes Forellenfilet
ohne Haut und Gräten
1 El Frischkäse
1 El Orangensaft
weißer Pfeffer aus der Mühle
Salz
2 El geschlagene Sahne
1 El rosa Pfefferkörner, gehackt
4 dünne Orangenscheiben
4 kleine Scheiben Walnussbrot
4 kleine Zweige Dill

Kerbelsuppe mit Lachsforelle.

Vom Kerbel ein paar schöne Zweige zur Seite legen. Den Rest von den größten Stielen befreien und kleinschneiden. Schalotte würfeln und in der Butter glasig schmoren. Den Kerbel zugeben, 2–3 mal umrühren. Den Senf ein bisschen mitschmoren. Etwas Sahne und Geflügelfond angießen und mit dem Pürierstab gründlich durchmixen. Weißwein, die restliche Sahne und den Geflügelfond mit dem Schneebesen unterrühren. 5 Min. leicht köcheln lassen. Mit Pfeffer und Salz abschmecken. Warm stellen.

1 El Butter in einer beschichteten Pfanne schmelzen. Fischfilet in 4 gleich große Stücke schneiden. In der Butter leicht von beiden Seiten braten ohne zu bräunen.

Suppe unter Rühren mit dem Schneebesen aufkochen lassen, in tiefe Teller geben, je ein Stück Fisch in die Mitte setzen (vom Fisch das überschüssige Fett mit Küchenkrepp abtupfen). Einen Kerbelzweig platzieren und servieren.

Alternative: Bärlauch oder Sauerampfer

Senfsuppe mit Apfelwürfeln und Bacon.

Schalotten und Kartoffelwürfel in der Butter etwas anschmoren. Weißwein, Sahne und Gemüsefond zugeben. 20 Min. leicht kochen lassen. Den Senf dazugeben und die Suppe mit dem Mixstab pürieren. Mit Pfeffer, Salz und Muskat abschmecken. Evtl. mit Milch etwas verdünnen. Warm stellen.

Apfel schälen und in kleine Würfel schneiden. Bacon in feine Streifen schneiden. Eine beschichtete Pfanne erhitzen und die Baconstreifen knusprig braten. Auf Küchenkrepp entfetten. Die Butter in derselben Pfanne schmelzen und die Apfelwürfel ca. 3 Min. anschmoren.

Suppe noch einmal aufkochen, in tiefen Tellern verteilen. In die Mitte die geschmorten Apfelstückchen geben und mit den Baconstreifen bestreuen.

Zutaten:

Kerbelsuppe mit Lachsforelle

400 g Lachsforellenfilet, enthäutet und entgrätet
1 El Butter
1 Bund Kerbel
1 Schalotte
1 Tl Butter
1 Tl Dijonsenf
1 Glas Weißwein
1 Becher süße Sahne
200 ml Geflügelfond
Pfeffer und Salz

Senfsuppe mit Apfelwürfeln und Bacon

2 Schalotten fein gehackt
2 damenfaustdicke Kartoffeln, geschält und in kleine Würfel geschnitten
4 El Dijonsenf
1 El Butter
1 Glas Weißwein
1 Becher süße Sahne
400 ml Gemüsefond
Milch zum Verdünnen
Pfeffer, Salz, etwas Muskat
1 großer säuerlicher Apfel
4 Scheiben Bacon
1 Tl Butter

Grüne Spargelsuppe mit weißem Spargel-Zitronengraskern und gebratener Garnele.

Grünen Spargel putzen, nur im unteren Drittel schälen und im Geflügelfond 10 Min. garen. Sahne und Wein zugeben, mit dem Pürierstab durchmixen, mit Pfeffer und Salz abschmecken. Zur Seite stellen.

Weißen Spargel schälen und klein schneiden. Den unteren knolligen Teil der Zitronengrasstängel ganz fein schneiden. In sehr wenig Wasser 15 Min. garen. Die Sahne zugeben und ebenfalls kräftig durchpürieren. Mit Salz und Pfeffer abschmecken.

Garnelen auf die gewässerten Spießchen stecken und in der Pfanne goldbraun braten. Wenn sie gar sind, leicht salzen und mit dem Zitronenpfeffer würzen.

Beide Suppen kurz erhitzen und mit dem Schneebesen kräftig durchrühren.

Zuerst die grüne Suppe in tiefen Tellern verteilen. (Nicht zuviel, sonst kommt es zur Überschwemmung). Dann mit einer kleinen Schöpfkelle die weiße Suppe in die Mitte geben. Das Garnelenspießchen auf den Tellerrand setzen.

Zutaten:

300 g grüner Spargel
200 ml Geflügelfond
1/2 Becher süße Sahne
1/2 Glas Weißwein
weißer Pfeffer aus der Mühle
Salz

2 dicke Stangen weißer Spargel
2 Stängel Zitronengras
1/2 Becher süße Sahne
2 El trockener Martini
weißer Pfeffer aus der Mühle
Salz

4 Garnelen ohne Schale und entdarmt
1 El Pflanzenöl
Zitronenpfeffer (Fertigprodukt)
Salz
4 gewässerte Holzspießchen

Zander in Cidre mit Apfel im Schlafrock.

Zuerst die Äpfel: Backofen auf 200° vorheizen. Blätterteigplatten auslegen und auftauen lassen.

Äpfel schälen, halbieren, entkernen und in etwas Cidre 3 Min. dünsten. Abtropfen lassen, Cidre auffangen. Schinkenspeck sehr fein schneiden und mit den gehackten Walnüssen in einer beschichteten Pfanne ohne Fett anschmoren, dann leicht pfeffern.

Jede Teigplatte etwas ausrollen. Die Kanten mit Eiweiß einpinseln. Apfelhälften in die Mitte setzen. Die Füllung in den Apfelhälften verteilen und den Blätterteig darüber zusammenklappen.

Auf ein mit Backpapier ausgelegtes Backblech setzen, mit der Eigelb-Sahnemischung bepinseln und ca. 30 Min. backen.

Fischfilets säubern und leicht salzen. In einer großen, tiefen Pfanne in der heißen Butter kurz anbraten. Den Cidre angießen, erhitzen, dann bei ganz kleiner Flamme den Fisch 5 Min. ziehen lassen. Fischfilets herausnehmen und warm stellen. Den aufgefangenen Cidre zugeben und alles auf die Hälfte reduzieren. Crème fraîche einrühren, mit Salz und Pfeffer abschmecken.

Zanderfilets mit der Soße überziehen und jeweils einen Backapfel dazugeben.

Zutaten:

4 Zanderfilets à 120 g
1/2 l Cidre
4 El Crème fraîche
1 El Butter
Pfeffer und Salz

2 Äpfel, am besten Cox Orange
4 Platten TK-Blätterteig
2 Scheiben Schinkenspeck
8 halbe gehackte Walnusskerne
Pfeffer
1 Eigelb mit 1 El Sahne verrührt
1 Eiweiß

Salmfilet auf Ratatouille mit Pestosoße und Gnocchi.

Backofen auf 200° vorheizen. Die Zutaten für das Pesto in einen hohen Mixbecher geben und mit dem Mixstab gründlich durchpürieren.

In einer beschichteten Pfanne das Öl erhitzen. Salmfilets leicht pfeffern, salzen und goldbraun braten. In eine feuerfeste Form umfüllen und im Ofen 10 Min. garziehen lassen.

Gleichzeitig die Gemüse (außer den Tomaten) und den Salbei im heißen Öl scharf anbraten. Den durchgepressten Knoblauch, Zucker und die Tomaten dazugeben. Alles knapp 5 Min. köcheln lassen. Mit dem Balsamessig, Pfeffer und Salz abschmecken. Warm stellen. Wasser für die Gnocchi aufsetzen.

Süße Sahne erhitzen, das Pesto einrühren und mit Salz und Pfeffer abschmecken.

Gnocchi in das kochende Wasser geben. Sie sind gar, wenn sie oben schwimmen. Abschöpfen und zur Seite stellen.

Auf jedem Teller in die Mitte die Ratatouille geben, darauf ein Salmfilet setzen, die Gnocchi rundherum verteilen und mit der Soße überziehen.

Zutaten:

4 Salmfilets à 120 g ohne Haut
2 El Pflanzenöl
Pfeffer und Salz

Ratatouille

1 kleine Aubergine klein gewürfelt
1 rote, 1 gelbe Paprika klein gewürfelt
1 rote Zwiebel klein gewürfelt
1 mittlere Zucchini klein gewürfelt
2 mittlere Tomaten, entkernt und klein gewürfelt
1 Knoblauchzehe
4 Salbeiblätter
1 Tl Zucker
1 Tl Balsamessig
Pfeffer und Salz
2 El Pflanzenöl

Pesto

1/2 Bund Basilikum grob gehackt
2 El Pinienkerne grob gehackt
1 Knoblauchzehe
1 El Olivenöl
3 El Asia-Fond (Fertigprodukt)

Soße

3/4 Becher süße Sahne
Pesto
Pfeffer und Salz

250 g Kartoffelgnocchi (Fertigprodukt oder frisch vom ital. Nudelmacher)

Parmesanbackfisch mit Ruccola-Tomatensalat.

Aus dem Olivenöl, dem Balsamessig und dem Senf eine Vinaigrette rühren, mit Salz und Pfeffer abschmecken. Die getrockneten Tomaten etwas entfetten und dazugeben.

Fischfilets waschen, trockentupfen, leicht salzen und pfeffern. In Mehl wenden. Eier, Crème fraîche und Parmesan verrühren. Die Filets darin wenden. Öl und Butter erhitzen und die Filets bei mittlerer Hitze darin 4 Min. pro Seite goldbraun braten. Warm stellen.

Tomatenstückchen und Ruccola in die Vinaigrette geben. Jeweils ein Radicchio-Schalenblatt auf einen Teller setzen, mit dem Tomatensalat füllen und ein Fischfilet dazu platzieren.

Zutaten:

4 Rotbarschfilets
2 Eier
2 El Crème fraîche
2 El frisch geriebener Parmesan
2 El Pflanzenöl
2 El Butter
Pfeffer und Salz
Mehl zum Wenden

8 mittelgroße Strauchtomaten, entkernt und klein gewürfelt
1/2 Bund Ruccola fein gehackt
4 getrocknete Tomaten in Öl
2 El Olivenöl
1 El Balsamessig
1 El süßer Senf
Pfeffer und Salz

4 als Schalen zu verwendende Blätter vom Radicchio

Zander auf Chicorée.

Zuerst die Soße: Schalotte fein hacken und in der Butter glasig dünsten. Mit Martini ablöschen und den Senf einrühren. Die Sahne zugeben, pfeffern und salzen. Mit dem Mixstab kräftig durchpürieren, abschmecken und beiseite stellen.

Backofen auf 200° vorheizen. Zanderfilets säubern, die Enden abschneiden, in 4 gleich große Teile teilen. Das Mehl auf einen Teller geben, Filets kurz darin wenden. Öl in einer beschichteten Pfanne erhitzen und den Fisch von jeder Seite kurz und kräftig anbraten. In eine feuerfeste Form geben und im vorgeheizten Ofen in 8 Minuten fertig garen.

Während der Fisch im Ofen ist, den Chicorée putzen und in Streifen schneiden. Öl in einer Pfanne erhitzen und den Chicorée bei starker Hitze unter Rühren ca. 4 Minuten braten. Honig und Balsamessig unterrühren, mit Pfeffer und Salz abschmecken.

Die Soße wieder erhitzen. Fisch aus dem Ofen nehmen. Auf Tellern in der Mitte den Chicorée platzieren, Fischfilet draufsetzen und ringsum die Soße verteilen.

Zutaten:

2 Zanderfilets
2 El Mehl
Pflanzenöl zum Braten

4 Chicorée
1 El Pflanzenöl
1 El Honig
2 El Balsamessig
Pfeffer und Salz

1 El körniger Dijonsenf
1 Glas trockener Martini
1 Schalotte
1 Tl Butter
200 ml Schlagsahne
Pfeffer und Salz

Kalbsfilet mit Gorgonzolasoße.

Mangold putzen und waschen, den grünen Anteil in feine Streifen schneiden, die weißen Stiele in kleine Stücke. In wenig Wasser in ca. 4 Minuten bissfest garen. Abgießen und beiseite stellen.

Backofen auf 200° vorheizen. Kalbsfond mit dem Becher Sahne mischen, Sherry und Essig zugeben. Etwas köcheln lassen. Den gewürfelten Gorgonzola mit dem Mixstab gründlich unterarbeiten. Fein gehackte Estragonblättchen zugeben, mit Pfeffer und wenig Salz abschmecken. Zur Seite stellen.

Nudelwasser aufsetzen, Nudeln kochen. 1/2 Becher Sahne schlagen und kalt stellen.

Öl in einer beschichteten Pfanne erhitzen und die Kalbsmedaillons von beiden Seiten anbraten. Anschließend im vorgeheizten Backofen in 6 – 8 Minuten fertig garen. Herausnehmen und in Alufolie verpackt 5 Minuten ruhen lassen.

Das Olivenöl erhitzen und die Zwiebelwürfel darin glasig dünsten. Mangold zugeben, durchschwenken und erwärmen. Soße erhitzen, geschlagene Sahne unterziehen.

Nudeln mit den Medaillons und dem Mangold auf Teller anrichten. Etwas Soße angießen.

Zutaten:

6 Stücke Kalbsfilet à 150 g
Salz und Pfeffer
Pflanzenöl

Soße
2 Tassen Kalbsfond
1 Becher süße Sahne
2 El Weißweinessig
4 El Sherry (medium)
100 g Gorgonzola
1/2 Bund Estragon
1/2 Becher Sahne
Pfeffer und Salz

400 g grüne Tagliatelle

1 große Staude Mangold (1 kg)
1 feingewürfelte Zwiebel
2 El Olivenöl
Pfeffer und Salz

Sauerbraten vom Rinderfilet mit Rotkohlstrudel.

Am Vortag: Alle Marinaden-Bestandteile in kleine Würfel schneiden. Mit den Flüssigkeiten mischen, Zucker dazugeben und ein paar Umdrehungen aus der Pfeffermühle.

Bratschlauch an einem Ende zubinden, Rinderfilet hineinlegen und die Marinade mit dem Gemüse einfüllen und verschließen. Das Filet sollte von den Zutaten gut eingehüllt sein. Über Nacht kalt stellen.

Rotkohl zubereiten nach Rezept *(siehe Seite 66)*.

Backofen auf 200° vorheizen. Filet aus der Marinade nehmen und trockentupfen. Marinade durch ein Sieb gießen, Flüssigkeit auffangen.

In einem Bräter 3 El Pflanzenöl erhitzen und das Filet rundum anbraten. Aus dem Bräter nehmen. Dann das Gemüse mit allen Gewürzen kräftig anbraten. 1 El Tomatenmark zugeben, weiterbraten. Den Sud angießen, aufkochen, das Filet zurück in den Bräter legen und ca. 25 Minuten leicht schmoren lassen.

Strudelteig (Filoteig) nach Anweisung vorbereiten. Am oberen Ende den Rotkohl platzieren, Seiten einschlagen und aufrollen. Backblech mit Backpapier auslegen, den Strudel mit flüssiger Butter bestreichen und auf der mittleren Schiene im Backofen in ca. 20 Minuten goldbraun backen.

Filet nach der Garzeit in Alufolie wickeln und zur Seite stellen. Fond durch ein Sieb gießen, auffangen und zurück in den Schmortopf geben.

Printe zerkrümeln und in der Soße auflösen (oder Lebkuchengewürz dazugeben). Rotwein angießen, evtl. Brühe dazugeben, mit Zucker, Salz, Pfeffer und evtl. etwas Balsamessig kräftig abschmecken. Aufkochen und durchmixen.

Strudel schräg in dicke Scheiben, Filet in ca. 1,5 cm breite Scheiben schneiden. Auf Tellern verteilen, mit der Soße überziehen, Strudelscheiben dazulegen.

Zutaten:

800 g Rinderfilet
(am Vortag marinieren)

Marinade
1 Lauchstange
2 Möhren
1 Zwiebel
1/4 Sellerieknolle
1/4 l Rotwein
4 El Rotweinessig
1 El brauner Zucker
3 Nelken
1/2 Zimtstange
Pfeffer aus der Mühle

Bratschlauch ca. 50 cm

Rotkohl (siehe Seite 66)

1 Paket Strudel- oder Filoteig

Am darauffolgenden Tag bereitstellen
Pflanzenöl
Rotwein
Gemüsebrühe
Tomatenketchup
1 Printe oder 1 Tl Lebkuchengewürz
Zucker
Pfeffer und Salz
evtl. Balsamessig

Perlhuhnbrust im Päckchen mit Zucchini-Spaghetti und Parmesansoße.

Backofen auf 200° vorheizen. Perlhuhnfilets von Fett, Sehnen und Haut befreien. Perlhuhnfilets zwischen zwei Stücke Frischhaltefolie legen und ziemlich flachklopfen. Das Toastbrot fein würfeln, 10 Basilikumblätter fein hacken und alles mit den Butterwürfelchen mischen. Pfeffern und salzen. Alufolienstücke auslegen und einfetten.

Schinkenscheiben ebenfalls auslegen. Auf die Mitte jedes Perlhuhnfilets ca. 11/2 El Toast-Buttermischung setzen, zuklappen und in eine Schinkenscheibe wickeln. Überzähliger Schinken dient zum Ausbessern. Jedes Perlhuhnpäckchen in ein gebuttertes Alufolienstück wickeln, mit dem Verschluss nach oben auf ein Backblech setzen und ca. 25 Min. backen.

Währenddessen die Soße zubereiten: Feingehackte Schalotte in Butter andünsten, mit Weißwein ablöschen und 4 Min. köcheln lassen. Sahne, die zerdrückte Knoblauchzehe und Parmesan einrühren. Mit Salz und Pfeffer abschmecken.

Jetzt die Spaghetti nach Anweisung auf der Packung garen. Zucchini längs in dünne Scheiben schneiden, dann in dünne Streifen. Basilikum hacken. Olivenöl erhitzen, Zucchinistreifen darin schwenken. Die fertigen Spaghetti und Basilikum untermischen, pfeffern und salzen.

Päckchen öffnen, Alufolie entfernen, Perlhuhnpäckchen in der Mitte durchschneiden. Jeweils beide Hälften auf einem Teller platzieren, zwischen die Hälften 2–3 El Soße geben. Spaghetti mit einer Gabel zu 4 Nestern drehen, jeweils eins auf jedem Teller in die Soße setzen. Restliche Soße extra servieren.

Zutaten:

2 Perlhuhnbrüste (4 Filets)
11/2 Scheiben Toast
ein paar Butterwürfelchen
1 Bund Basilikum
6 große Scheiben Katenschinken (mild geräuchert)
Pfeffer und Salz
4 Stücke Alufolie ca. 30 cm x 30 cm
handwarme Butter zum Einfetten der Alufolie
Frischhaltefolie

Soße

1 Schalotte
1 Glas Weißwein
1 Tl Butter
1 Becher süße Sahne
1 Knoblauchzehe (zerdrückt)
4 El frisch geriebener Parmesan
Pfeffer und Salz

Spaghetti

220 g Spaghetti
2 mittelgroße Zucchini
Basilikum (vom Bund)
2 El Olivenöl
Pfeffer und Salz

Tafelspitz.

Tafelspitz am Vortag zubereiten. Tafelspitz von Fett und Häuten befreien, von allen Seiten pfeffern und salzen. In einen etwas größeren Topf legen.

Gemüse klein schneiden und mit den Gewürzen um den Tafelspitz verteilen. Kaltes Wasser zugießen, bis das Fleisch knapp bedeckt ist, einmal aufkochen lassen. Schaum abschöpfen. Dann 1 1/2 Stunden bei kleiner Hitze leicht köcheln lassen. In der Brühe erkalten lassen.

Am nächsten Tag die Brühe durch ein Sieb gießen und auffangen. Brühe einfrieren oder verwahren und anderweitig verwenden. Z. B. für Gemüsesuppe oder Risotto.

Backofen auf 200–220° vorheizen. Kartoffeln schälen, vierteln, in einer Schüssel mit 1 El Pflanzenöl und dem Curry mischen. Backblech mit Backpapier auslegen und die Kartoffeln darauf verteilen. Ca. 25 Minuten backen. Sie sollten leicht anbräunen.

Die Vinaigrette. Spargel schälen und klein würfeln. Orangenmarmelade mit dem Mixstab pürieren. 1 El Pflanzenöl in einer Pfanne mit Deckel erhitzen und den Spargel darin kurz anschmoren. Bei geschlossenem Deckel 3 Minuten ziehen lassen.

In einer Schüssel Orangenpüree, Olivenöl und Spargel mischen. Mit Pfeffer, Salz und etwas Cayennepfeffer abschmecken. Evtl. noch etwas Olivenöl nachgießen.

Pro Person 3 schöne Scheiben Tafelspitz auf Tellern verteilen. Vinaigrette darübergießen und ein paar Kartoffelviertel dazu platzieren.

Zutaten:

1 kg Tafelspitz vom Rind
1 Stange Lauch
1/4 Sellerieknolle
2 Möhren
1 Zwiebel
3 Nelken
5 Pfefferkörner
2 Lorbeerblätter
Pfeffer und Salz

Vinaigrette

500 g weißer Spargel
1 El Pflanzenöl
4 El bittere Orangenmarmelade
3 El Olivenöl
Cayennepfeffer
Pfeffer und Salz

Ofenkartoffeln

8 mittelgroße Kartoffeln
1 Tl Currypulver
2 El Pflanzenöl
Salz

Kaninchenkeulen in Balsamessig und Honig.

Schinkenspeck und Zwiebel fein würfeln. Knoblauch in feine Scheiben schneiden. Die Hälfte der Rosmarinnadeln fein hacken. Champignons putzen und in dünne Scheiben schneiden.

In einem etwas größeren Bräter 2 El Öl erhitzen und Schinkenspeck, Zwiebel, Knoblauch und gehackten Rosmarin anschmoren, bis die Zwiebelwürfel glasig sind. Mischung herausnehmen und die Kaninchenkeulen von allen Seiten anbraten. Evtl. noch 1 El Öl dazugeben. Das Speck-Kräutergemisch, den Balsamessig und die Lorbeerblätter dazugeben. Honig auf den Keulen verstreichen und wenig Wasser dazugeben. Bei niedriger Temperatur und geschlossenem Deckel insgesamt 45 Minuten schmoren. Gelegentlich die Keulen wenden und einen Schuss Wasser zugeben.

Nach 30 Minuten die blättrig geschnittenen Pilze unterrühren. Kurz die Hitze erhöhen und aufkochen lassen.

Bei niedriger Temperatur noch 15 Minuten weiterschmoren. Mit Salz, Pfeffer, evtl. Balsamessig abschmecken.

Dazu schmecken Kartoffelgnocchi oder einfach nur Baguette.

Zutaten:

4 Kaninchenkeulen
70 g Schinkenspeck
3 Knoblauchzehen
1 Zwiebel
2 Lorbeerblätter
1 Zweig Rosmarin
2 El Honig
Salz
4 El Balsamessig
300 g Waldchampignons
Pflanzenöl

Rehmedaillons auf einer Bratapfelscheibe mit Wacholdersoße und Kartoffelgratin.

Backofen auf 200° vorheizen. Kartoffeln schälen und in dünne Scheiben schneiden. In eine Auflaufform schichten. Pfeffern und salzen. Etwas Muskat darüber geben und mit der Sahne begießen. In den Ofen schieben für ca. 30 Min. Das Gratin sollte goldbraun sein.

Für die Soße Sahne und Portwein erhitzen, die im Mörser zerstoßenen Wacholderbeeren dazugeben und 5 Min. leicht köcheln lassen. Mit Balsamessig, Pfeffer und Salz abschmecken. Warmstellen.

Die Äpfel nicht schälen, aber das Kerngehäuse ausstechen. Aus der Mitte jeweils 2 dicke Scheiben schneiden. Butter in einer Pfanne erhitzen und die Apfelscheiben goldbraun anbraten. Warmstellen.

Den Rehrücken in 2 cm dicke Scheiben schneiden. Jetzt das Pflanzenöl in der Pfanne erhitzen, die Rehmedaillons darin von jeder Seite 4 Min. braten, leicht pfeffern und salzen, dann warmstellen.

Auf jedem Teller eine Apfelscheibe in die Mitte geben, das Rehmedaillon darauf setzen, mit Soße umgießen und das Kartoffelgratin daneben platzieren.

Zutaten:

800 g Rehrücken ohne Knochen
2 säuerliche Äpfel
2 El Pflanzenöl
1 Tl Butter
Pfeffer und Salz

Soße
6 Wacholderbeeren
1/8 l Portwein
1/2 Becher süße Sahne
1 El Balsamessig
Pfeffer und Salz

Kartoffelgratin
5 damenfaustgroße Kartoffeln
Pfeffer und Salz
etwas Muskat
1 Becher süße Sahne (250 g)

Birnen im Schlafrock.

TK-Blätterteig auslegen und auftauen lassen. (Den gerollten Teig aus dem Kühlregal bereitlegen.) Backofen auf 220° vorheizen.

Birnen schälen, das Kerngehäuse ausstechen. Mit Zitronensaft einpinseln und zur Seite stellen.

Pinienkerne in einer beschichteten Pfanne ohne Fett goldbraun rösten. Rohmarzipan mit dem Puderzucker und der Orangenmarmelade mischen, die Pinienkerne dazu geben.

Blätterteig in ca. 13 cm x 13 cm große Quadrate schneiden, evtl. etwas ausrollen.

Birnen mit der Marzipanmasse füllen und in die Mitte der Blätterteigquadrate stellen. Teigecken hochklappen und oben zusammenkneifen. Aus den Teigresten 4 Quadrate ausschneiden oder 4 Kreise ausstechen und oben auf die Teignähte legen. Gut andrücken. Mit Eigelb bestreichen und auf einem mit Backpapier ausgelegten Backblech ca. 20 Min. backen.

Die Aprikosenmarmelade erhitzen, durch ein Sieb streichen und damit die gebackenen Birnen im Schlafrock bestreichen.

Die Sahne mit dem Zucker und dem Vanillemark halbsteif schlagen. Birnen im Schlafrock lauwarm mit der Vanillesahne servieren.

Zutaten:

Birnen im Schlafrock

4 Platten TK-Blätterteig oder 2 Rollen Blätterteig aus dem Kühlregal
4 mittelgroße feste Birnen
80 g Marzipanrohmasse
2 El bittere Orangenmarmelade
50 g Pinienkerne
1 El Puderzucker
Saft einer Zitrone
4 El Aprikosenmarmelade
1 Eigelb

Vanillesahne

1/2 Becher süße Sahne
Mark einer halben Vanilleschote
1 El Zucker

Brombeer-Crumble.

Backofen auf 200° vorheizen. Brombeeren waschen, in eine Auflauf- oder Pieform geben, mit 50 g Zucker bestreuen und mit dem Marsala beträufeln. Amarettis grob zerbröseln (mit einer Teigrolle zwischen zwei Lagen Frischhaltefolie). Mit dem restlichen Zucker, Mehl, Zimt und der Butter mit den Händen zu Streuseln kneten und gleichmäßig über die Brombeeren verteilen. 20 Min. backen und lauwarm mit 2 Kugeln Vanilleeis servieren.

Vanilleeis mit Himbeersoße und Amarenakirschen.

Die aufgetauten Himbeeren mit dem Zucker aufkochen und so lange köcheln lassen, bis sie zerfallen. Durch ein Sieb passieren und abkühlen lassen. Mandelblättchen ohne Fett in der Pfanne bräunen. Die Schokolade raspeln. Servieren: In tiefen Tellern die Soße verteilen, 3 Eisbällchen darauf setzen, je Teller 1 Eßl. Amarenakirschen dazugeben. Mandelblättchen und Schokoladenraspel darüber streuen.

Zutaten:

Brombeer-Crumble

700 g Brombeeren
5 El Marsala-Wein
120 g Zucker
80 g Amarettis
(ital. Mandelmakronen)
150 g Mehl
1/2 Tl Zimt
120 g Butter
8 Kugeln Vanilleeis (TK)

Vanilleeis mit Himbeersoße und Amarenakirschen

1 Packung gutes Vanilleeis TK
1 Paket (300g) Himbeeren TK
6 El Amarenakirschen
1/2 Tafel zartbittere Schokolade
100 g Mandelblättchen
3 El Zucker

Kirschparfait mit Schoko-Joghurt.

Kirschen entkernen und mit 2 El kaltem Wasser pürieren. 150 ml Sahne mit 30 g Zucker steif schlagen. Die Eigelbe mit 30 g Zucker und 50 ml Sahne verrühren und über dem heißen Wasserbad mit dem Schneebesen ca. 5 Min. aufschlagen, bis die Masse cremig wird. Dann in Eiswasser kaltrühren. Die pürierten Kirschen und die geschlagene Sahne unterheben.

Die Masse in vier Förmchen (Tassen, leere Joghurtbecher) füllen und über Nacht einfrieren.

Schokolade grob raspeln. Joghurt mit Puderzucker und den Schokoladeraspeln verrühren.

Die Förmchen kurz in heißes Wasser tauchen, dann das Parfait auf Dessertteller stürzen. Rundherum mit der Schoko-Joghurt-Soße anrichten und evtl. mit einem Minzeblättchen als Krönung servieren.

Zutaten:

250 g süße Kirschen
(TK oder frisch)
200 ml Schlagsahne
60 g Zucker
4 Eigelb
150 g Magerjoghurt
2 El Puderzucker
3 El geriebene Schokolade
(zartbitter)

Mascarpone-Creme mit Amaretti und Orangensoße.

Orangen pressen und den Saft mit der Marmelade 10 Min. köcheln lassen. Gut durchrühren.

Quark, Mascarpone, ausgekratztes Mark der Vanilleschoten, Zucker und 2 El Orangensoße zu einer Creme rühren.

Die Hälfte der Amaretti in eine flache Schüssel geben. Ganz leicht mit Orangensoße beträufeln. Die Hälfte der Quarkcreme darauf verteilen. Darauf die andere Hälfte der Amaretti geben, wieder beträufeln. Den Rest der Quarkcreme darauf verteilen. Über Nacht im Kühlschrank kühlen. Vor dem Servieren mit den restlichen Amaretti garnieren. Orangensoße dazu reichen.

Birnen mit Taleggio.

Die Birnen halbieren und entkernen; die Schnittstellen mit Zitrone bepinseln. In dünne Scheiben schneiden, mit dem Taleggio auf flachen Tellern anrichten. Den Waldhonig über den Käse geben, mit Walnusskernen umlegen und servieren.

Dazu gibt es etwas Vollkornbrot und Süßrahmbutter.

Zutaten:

Mascarpone-Creme mit Amaretti und Orangensoße

250 g Magerquark
200 g Mascarpone
2 Vanilleschoten
50 g Zucker
100 g Amarettikekse
50 g Amarettikekse zur Dekoration

Soße

4 Saftorangen
2 El Orangenmarmelade

Birnen mit Taleggio

2 Birnen
4 Stücke Taleggio (italienischer Käse)
100 g Walnusskerne
4 El Waldhonig
Saft einer halben Zitrone

Merkzettel

Immer frischer Pfeffer aus der Mühle.

Alkohol kann man weglassen, dafür Gemüse- oder Fleischbrühe.

Aufmixen immer in einem hohen Gefäß (Spritzgefahr).

Braten und Anbraten immer mit etwas Fett in einer beschichteten Pfanne.

1 Handvoll = immer eine Damenhand.

1 Becher Sahne = immer 250 g.

Blätterteig aus dem Kühlregal ist immer leichter
zu verarbeiten als aus der Tiefkühltruhe.

Faustgroß = immer damenfaustgroß.

Appetitanreger

Vorspeisen

Suppen

Fisch

Fleisch

Wild

Geflügel

Vegetarisches Hauptgericht

Dessert

Vielen Dank

Meinem Mann, dem besten Testschmecker an meiner Seite.

Natürlich auch den vielen Testessern, die alle meine kulinarischen Experimente über sich ergehen ließen:

Angelika und Wolfgang, Barbara und Wulff, Christiane und Peter, Doina, Gisela und Günther, Helga und Rainer, Karin und Kalle, Marlene und Werner, Marie Claude und Volkhard, Renate, Sabine und Dirk.